LEBEN!

Christine Haiden
Petra Rainer

LEBEN!

Erfahrungen, die Mut machen

RESIDENZ VERLAG

Bibliografische Information der Deutschen Bibliothek
Die Deutsche Bibliothek verzeichnet diese Publikation in der Deutschen
Nationalbibliografie; detaillierte bibliografische Daten sind im Internet
über http://dnb.d-nb.de abrufbar.

www.residenzverlag.at

© 2012 Residenz Verlag
im Niederösterreichischen Pressehaus
Druck- und Verlagsgesellschaft mbH
St. Pölten – Salzburg – Wien

Fotos, Umschlagbild Petra Rainer
Grafische Gestaltung, Umschlaggestaltung, Satz Sandra Gugić
Schrift Neutraface
Gesamtherstellung CPI Moravia Books

ISBN 978-3-7017-3286-9

INHALT

Vielleicht werde ich
einmal Opernsängerin

Leben – wie geht das? Um darauf Antworten zu finden, kann man bei Philosophen und in der Dichtkunst nachschlagen, man kann die weisen Bücher der Geschichte befragen oder aber man folgt den Spuren dessen, was Menschen erleben. Besonders in den Brüchen, in den Zumutungen von Krankheit, Tod und Schicksal offenbart sich, wie das dichte Gewebe entsteht, das wir Leben nennen. Zwölf Menschen erzählen von einem Stück ihres Weges, sie erklären sich und uns, was sie gehört, gesehen und erlitten haben. Dabei entschlüsseln sie, was uns alle trägt: Zuversicht in unübersichtlichen Situationen, innere Stärke trotz äußerer Schwäche, Offenheit für die vielfältigen Stimmen um uns und Dankbarkeit für alle Zeichen von Zuneigung. Leben? Lieben!

Christine Haiden und Petra Rainer

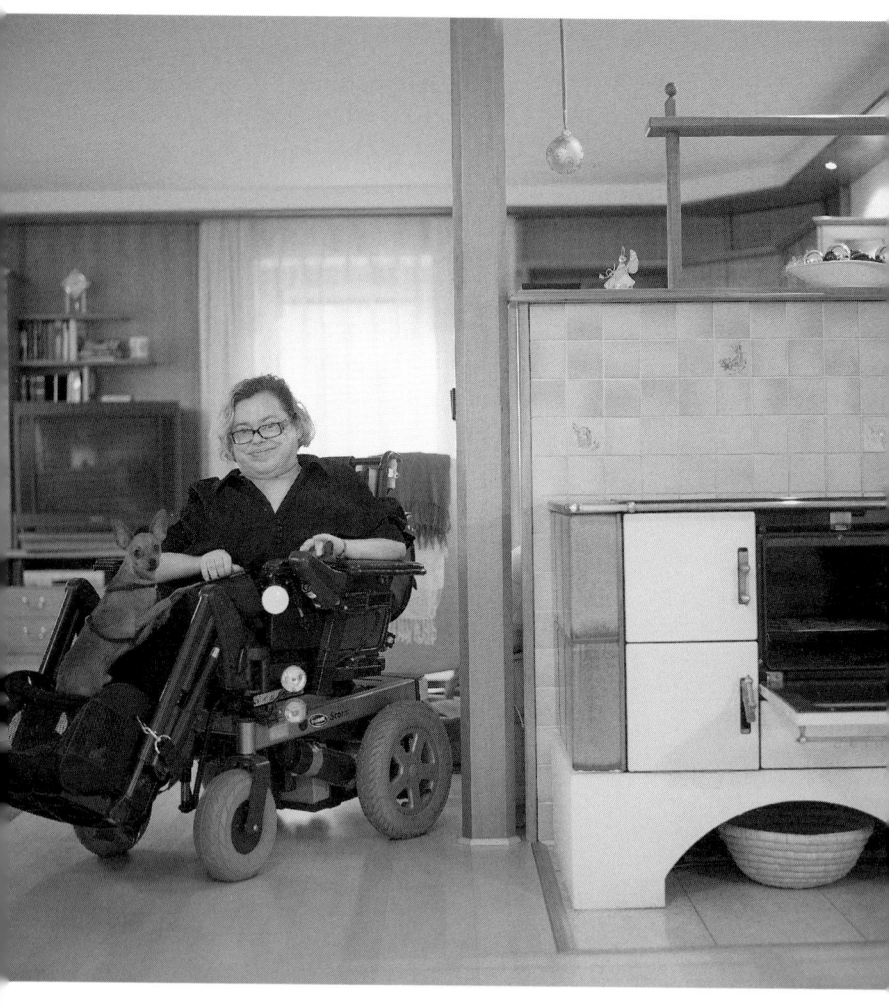

SILVIA BERNACKI

Den Zumutungen der Krankheit die Stirn bieten:
„Ich wollte nie ein braves Töchterl sein!"

Silvia Bernacki erkrankte als Kind an einer spinalen Muskelatrophie. Diese fortschreitende Schwächung hat sie sehr hilfsbedürftig gemacht. Mehrere Assistentinnen, ihre Schwestern, ihre Mutter, viele sorgten sich um sie. Trotz aller Einschränkungen legte Silvia Wert auf ein gepflegtes Äußeres, sie schminkte sich gerne, zog sich schön an. Als sie bereits nur mehr einen Finger ihrer rechten Hand bewegen konnte, tippte sie auf ihrem Computer noch einen Buchtext. „Bezaubernde Mauzi. Biografie einer Katze". Ein liebenswerter und humorvoller Text, der Menschen, die das Vergnügen haben, mit einer Katze zu wohnen, gewidmet ist. Aus Dankbarkeit, wie Silvia Bernacki sagte, denn Tiere hätten sich um ihre Behinderung nie geschert und sie immer so genommen, wie sie ist.

Ich weiß noch, als ich 13 Jahre alt war, war ich mit meinen Eltern bei einem Arzt, dessen Attest wir wegen eines Ansuchens um finanzielle Unterstützung brauchten. Er hätte nur unterschreiben sollen, stattdessen erklärte er mir ganz genau, welche Körperfunktionen als nächstes aussetzen werden, und woran ich im kommenden Jahr sterben würde. Zum Schluss sagte er, dass es Pech sei, dass mein Herz und mein Hirn so gut arbeiten. Das Herz hält das bis zum Schluss aus und das Gehirn bekommt es mit bis zum Schluss. Das hat er mir erklärt. Wie man sich in so einem Moment fühlt? Unbeschreiblich. Zuerst furchtbar schlecht. Irgendwann kommen dann Wut und große Hoffnungslosigkeit. Ich habe zwar vorher schon geraucht, begann dann aber auch noch zu trinken. Trotz meiner Lebensfreude war ich mit 14 Jahren magersüchtig und komplett am Sand. Zehn, 15 Jahre habe ich mich nicht mehr richtig gefangen, aber darüber wurde früher nicht viel geredet.

Falsches Mitleid

Im ersten Jahr habe ich gedacht, warum sollte ich mich normal verhalten, wenn ich eh nicht mehr lange leben werde. Also habe ich geschaut, was ich kriegen konnte, und habe es konsumiert. Deswegen kam ich mit meinen Eltern furchtbar in Konflikt. Wir hatten ewig Streit, wenn der Papa gesehen hat, dass ich wieder etwas getrunken habe. Ich habe mir mein Schicksal nicht ausgesucht. Ich war immer ein lebenslustiges Kind, und selten konnte mir jemand die Freude vertun, auch nicht durch die blödesten Meldungen. Die alten Leute haben mich oft wie einen Hund, der nur mehr auf drei Beinen hüpft, am Kopf getätschelt: „Ja, kann sie denn wirklich nicht gehen?" Sie hatten dieses seltsam Mitleidige. In Wirklichkeit hat keiner Mitleid empfunden. Wenn jemand gesagt hat: „Warum denn sie?", habe ich mir gedacht, ja, weil es jemand anderen auch nicht freuen würde. Ich habe wenigstens meine Katzen und Hunde.

Kein eigenes Leben

Ich habe Suizidversuche gemacht, auch später noch. Ich hatte immer die Angst, dass meine Eltern vor mir sterben. Ich konnte mir mein Leben nie selbst einrichten. Das hat mir die Mama erst erlaubt, als wir nur mehr zu zweit waren. Außerdem hatte ich Angst, was werden wird. Man bekommt immer erzählt, dass man durch Erstickung sterben wird. Das sind auch keine rosigen Zukunftsaussichten. Den letzten großen Suizid habe ich vor 17 Jahren versucht. Da habe ich einen Cocktail aus Anti-Depressiva, Tranquilizer und Schlaftabletten ein Jahr lang zusammengespart und habe gewusst, wenn ich mich zu Allerheiligen im kommenden Jahr noch immer so fühle, dann nehme ich das. Dann habe ich den ganzen Cocktail genommen, bin aber nicht daran gestorben. Ich habe es nach einer Stunde gemerkt. Da habe ich meine Schwester verständigt, damit der Notarzt kommt. Man konnte mich gerade noch retten.

Ich habe gemerkt, ich kann nicht sterben. Grundsätzlich war das Leben immer schön. Ich hatte die Möglichkeit, es halbwegs zu leben. Ich wollte nie ein behütetes Töchterlein sein. Das wäre furchtbar für mich gewesen. Wenn ich aus konnte, war ich weg.

Wozu wir auf der Welt sind

Wofür Zeit in meiner Situation gut investiert ist? Oft brauche ich sie einfach zum Krafttanken. Sich über das Leben Gedanken zu machen, ist auch eine gute Investition. Nachdenken, wozu wir auf der Welt sind.

Für mich ist das Leben auf dieser Welt im Endeffekt ein kleiner Spaziergang. Und diesen Spaziergang sollte man etwas nutzen, um kleine Spuren zu hinterlassen. Man soll die Augen für den anderen offen halten, sich nicht nur dafür interessieren, was man Schönes erleben kann. Ich glaube, dass sich die meisten Menschen zu wichtig nehmen. Das ist aber nicht der Sinn. Was der Sinn des Lebens genau ist, können wir alle nicht sagen. Jedenfalls nicht, nur durch das Leben zu trampeln, sondern zu schauen, dass der Nächste nach uns wieder einen guten Platz zum Leben hat, sei es durch Umweltschutz, sei es durch Tierschutz, sei es, indem man für die redet, die selbst nicht reden können. Das heißt nicht, dass ich in Rührseligkeit verfalle, wenn ich einen Sandler sehe. Aber man denkt sich, vielleicht hat der sich sein Leben auch nicht ausgesucht, vielleicht ist er auch irgendwo gelandet, wo er nicht hinwollte.

Ich denke, beim Spazierengehen sollte man nicht die schönsten Blumen abreißen, sondern sich ein paar Gedanken machen. Es ist etwas vorher und etwas nachher.

Ein schönes Leben

Wenn mir jemand gesagt hätte, dass ich 43 Jahre alt werde, ich hätte es nie geglaubt. Und jetzt, wenn ich zurückschaue, sind 43 Jahre wie vom Winde verweht.

Am meisten eingeprägt hat sich bei mir die Freude am Leben, die Freude, die kleinen Sachen, die ich erreichen wollte, erreicht zu haben. Auch die negativen Dinge sind nicht schlecht, das gehört zum Spaziergang. Was soll's, regnet es halt einmal herunter und man hat keinen Schirm mit. Es ist ein schönes Leben gewesen.

Zufriedenheit macht es lebenswert. Zufrieden sein mit dem, was man hat. Und dass man sich immer wieder etwas in den Kopf gesetzt hat. Freude empfinden können. Der eine hat eine Freude mit einer Kreuzfahrt, der andere, wenn er sich wieder einen Tag lang die Gabel selbst halten kann.

Das heißt nicht, dass man weltfremd ist oder nicht mehr wissen will, was größere Freuden sind. Früher bin ich spontan nach Linz zum Einkaufen gefahren. Das ist vorbei. Jetzt freue ich mich, wenn ich mich bei der Suppe nicht verkutze und keinen halben Erstickungsanfall bekomme.

Abseits aller Ideale

Es ist einfach so, dass ich die Beeinträchtigung habe, dass ich den Grenzen ganz nahe bin. Aber ich fühle mich nicht arm und behindert. Der Körper ist für mich eine Hülle. Man freut sich natürlich, wenn jemand hinter die Hülle schaut. Dort bin ich ein ganz normaler Mensch. Nur bei der Hülle kann ich nicht so mithalten wie ein anderer. Die Hülle ist behindert. Das ist so.

Sie ist nicht mit Botox aufgespritzt, sie ist nicht langbeinig, sie entspricht auf keinen Fall den Schönheitsidealen, aber sie ist meine Hülle. Sie gehört zu mir. Gott sei Dank hat sich das Bild in der Gesellschaft so gewendet, dass eine Behinderung nicht mehr Angst und Unverständnis verbreitet. Früher wurde weggeschaut. Da habe ich immer dagegen gekämpft, auf meine Art. Früher habe ich mir mit Schminken und Herrichten geholfen, damit man in erster Linie den Menschen sieht und erst in zweiter Linie die Behinderung.

Meine Mission ist meine Art: Leute, schaut her, es ist so, und es ist nicht so schlimm. Jeder Mensch ist etwas Besonderes.

Nachtrag: Silvia Bernacki starb im Mai 2011 im Alter von 45 Jahren.

ULLI

Der Dunkelheit Sinn geben:
„Das Leben hat mich abgeschliffen."

Ulli hat ihren einzigen Sohn Oliver verloren. Er starb im Alter von 28 Jahren unter nicht ganz geklärten Umständen. Oliver war ihr Anker in einem sehr bewegten Leben, das zwischen Euphorie und Labilität schwankte. Nach seinem Tod durchlebte Ulli dunkle Jahre, verbunden mit vielen Krankheiten und aussichtslosen seelischen Tiefen. Nach sieben Jahren der Trauer gründete sie eine Selbsthilfegruppe für „Verwaiste Eltern".

Ich sammle gerne so archaische Dinge wie Steine, Versteinerungen, Höhlenbärenzähne. Durch die Natur streifen und sammeln, das ist für mich sehr entspannend. Manchmal sammle ich nur Eindrücke. Ein Stein aus dem Meer, der so rund geschliffen ist, der hat noch eine andere Bedeutung. Er steht für dieses schicksalhafte Immer-wieder-Umgedrehtwerden. Der Stein wird durch alles Mögliche gewälzt, bis er schön rund ist. Das kann ich ziemlich direkt auf mich übertragen. So ein Stein ist etwas sehr Beständiges, und in mir gibt es auch etwas Beständiges. Mich stärkt es, wenn ich so etwas in der Hand halte. Diese Steine sind für mich ein Symbol für das Innere, das wir auf dieser Welt weiterentwickeln.
Ich habe auch ganz runde Steinkugeln zu Hause. Aber selbst bin ich noch keine runde Kugel.

Besondere Empfängnis

Mein Sohn wurde im Januar 1973 in Stuttgart geboren. Oliver Pascal hieß er. Oliver kommt im englischen Sprachraum von Alfheri, das heißt Elfenkrieger.

Die Empfängnis war wie eine Erleuchtung. Es war eine bewusste Empfängnis, auch wenn sie ungeplant war. Abgesehen davon, dass es mit meinem späteren Mann gerade wunderschön war, hörte ich plötzlich eine Frage: „Willst du, dass ich zu dir komme? Kann ich kommen? Bist du bereit für mich?" Ich war in dem Moment in einem anderen Bewusstseinszustand. Und ich habe sofort Ja gesagt, denn das Wesen, das sich da angeboten hat, das war die Liebe pur. Dann kam die Frage noch einmal und viel ernster: „Willst du, dass ich zu dir komme, auch wenn es schwer wird?" Was schwer ist, wusste ich, es war mir ein Leichtes, noch immer, ganz freudig, ohne den geringsten Zweifel Ja zu sagen. Und dann kam die Frage noch einmal: „Willst du, dass ich zu dir komme? Nimmst du mich an, auch wenn es so schwer wird, wie du es dir noch nicht einmal vorstellen kannst, sodass du glauben wirst, du musst daran zerbrechen?" Diese Frage kam. Und das Wesen, das diese Frage gestellt hat, war die reine Liebe. Es gab überhaupt keinen Zweifel, aber einen tiefen Schreck. Es gab dabei eine Ausdehnung der Seele in eine Zukunftsahnung hinein, die mir gezeigt hat, ich werde noch eine unglaublich gut gedehnte, große Seele brauchen. Aber da war kein Zweifel. Dieses dritte Ja war die reine Freude. Augenblicklich wusste ich, ich bin schwanger.

Da hat sich das Tor geöffnet, das in meinem Leben oft geöffnet war. Dieses Tor in ein geistiges Leben. Wobei Geist für mich auch Liebe ist, der Raum, der hinter unserer etwas schwierigen Welt steht, und der unser Leben begleitet, bewacht, auch erschafft, und uns danach auch wieder aufnimmt. Das hat mich immer durchgetragen.

Wieder als Mutter fühlen

Ich werde bis an mein Lebensende um Oliver trauern, weil ich als Mutter einen so geliebten Menschen verloren habe, einen so begabten, wertvollen Menschen. Die Trauer bleibt. Was aber gegangen ist, sind die Traumata. Der Schock ist aufgelöst, die Erinnerung in mir bleibt. Ich kann noch anfangen zu zittern und mir wird noch kalt dabei. Der Körper hat noch sein Gedächtnis. Ich habe auch noch meine Weinanfälle. Die Sehnsucht nach jemandem, den man so lange nicht gesehen hat und den man mehr liebt als alles andere auf der Welt, diese Sehnsucht wird immer größer, je länger man ihn nicht sieht. Heute fühle ich mich wieder als Mutter. Ich habe keinen Zusammenbruch, wenn jemand fragt: „Haben Sie Kinder?" Meine Beziehung zu ihm ist geheilt. Ich habe durch Schuldgefühle, die in der Trauer immer kommen, fast jeden Winkel unserer vergangenen Beziehung durchleuchtet. Ich habe auch Fehler gemacht, konnte vieles nicht geben. Er hat mir alles verziehen, lang vor dem Tod. Ich musste mir selbst verzeihen lernen. Schuldgefühle helfen, hinzuschauen und sich selbst zu verzeihen. Ich rede gerne von ihm. Nichts ist schöner als das. Er lebt für mich, er war 28, als er hinüberging. Dass er drüben angekommen ist, weiß ich. Denn eine Mutter will immer wissen, wo ihr Kind ist.

Ungewöhnliche Verbindungen

Ich kann es fühlen, ich kann es hören. Er redet mit mir, ich rede mit ihm. Er macht ganz überraschende Scherzchen. Er ist immer noch jugendlich und humorvoll. Neulich saßen wir nach einem Bergausflug in einer Hütte und wir erzählten uns, was unsere Kinder gerne gegessen haben. Ich sagte, der Oliver hat so gern gebackene Mäuse gegessen. Plötzlich höre ich ihn sagen: „Ich esse jetzt gebackene Engerl." Ein grober Scherz. Doch er hat dies in einem so unschuldigen, spaßhaften Ton gesagt, dass ich ob dieser Provokation in Lachen ausbrach. Danach habe ich erzählt, warum, und die anwesenden Eltern wussten zum Glück, dass man so mit verstorbenen Kindern reden kann. Wir haben sehr gelacht!

Im Austausch bleiben

Nach dem Tod fängt ein intensiver Suchprozess an. Wo ist mein Kind? Ich will dort hin, wo mein Kind ist. Durch dieses Bemühen, zum Kind hin zu fühlen, wenn man schon nicht zum Kind gehen kann, bleibt dieses Tor, dieser Übergang, offen. Durch dieses offene Tor strömt dann nicht nur deine Liebe, deine Angst, deine Verzweiflung und alles Mögliche hinüber, sondern es kommt auch viel zurück. Ich bin im Grunde christlich. Für mich ist ein Leben nach dem Tod etwas ganz Reales geworden. Für mich lebt mein Kind drüben. Es schläft nicht bis zum jüngsten Tag im Grab. Es lebt drüben, hört uns jetzt zu. Nicht nur meine Liebe will hinübergelangen, sondern seine Liebe gelangt auch bis zu mir. Alle trauernden Eltern sagen, mein Kind schickt mir auch andere Zeichen: Plötzlich fängt das ausgeschaltete Radio an zu spielen, das Lieblingslied des Kindes, plötzlich fällt ein Bild runter, das mit dem Kind etwas zu tun hat, plötzlich taucht das Auto mit dem Autokennzeichen deines Kindes vor dir auf. Es gibt

Zeichen, die sind ganz unglaublich. Es gibt einen Kontakt, der ohne unser Zutun zurückkommt. Und das hat mich zutiefst getröstet. Das sind Beweise, die unser Verstand braucht. Das Herz weiß ohnehin, das Kind lebt, meinem Kind geht es gut. Es hat die beste Gesellschaft oben, es ist geborgen. Oliver ist in dieser Liebe, aus der er gekommen ist. Das habe ich auch bei der Empfängnis so deutlich gespürt. Dort ist er wieder und erfüllt seine Aufgaben weiter. Ich glaube nicht, dass er dort Halleluja singt, sondern er entwickelt sich weiter, oben oder hier unten oder wo auch immer.

Der Körper will leben

Ich selbst war in meinem Leben oft an dem Punkt, dass ich gedacht habe, ich kann nicht mehr und ich will nicht mehr. Gott sei Dank war in meinem Körper der Lebenswille immer stark. Wenn mein Geist nicht mehr konnte, wenn meine Seele nicht mehr wollte oder konnte, weil sie sich zu verletzt fühlte, hat mein Körper einfach nichts unternommen, das ihn umbringt. Mein Körper wollte immer leben. Das hat mich gerettet. Jetzt, wo der Körper teilweise ganz arg an der Grenze war, hätte ein paar Mal nicht mehr viel gefehlt, aber im entscheidenden Moment habe ich nicht mehr gesagt: „Nein", da habe ich gesagt: „Es darf geschehen." Ich habe ja noch eine Enkelin, die auf mich wartet, und die ich sehr liebe. Die heißt so wie ich. Meine Qualitäten habe ich nicht bekommen, damit ich damit sterbe. Ich habe ein volles Schatzkästchen, das ich noch austeilen möchte. Wenn das ausgegeben ist, dann kann ich gehen. Mit einem vollen Schatzkästchen zu sterben, ist eine Verschwendung dieses Vermögens, dieser Liebe.

Mitgefühl lernen

Das Wertvollste in diesem Kästchen ist Mitgefühl. Und ich musste erst mit mir selbst Mitgefühl entwickeln. Mitgefühl heißt, die Würde und den Wert des Menschen als Nummer eins vor dich hinzustellen. Mitgefühl hat damit zu tun, dass ich mich nicht als Lebensmittelpunkt betrachte, sondern dass ich weiß, ich bin eingebunden in eine menschliche Gemeinschaft. Wenn es einem von denen schlecht geht, wenn einer von denen umkommt, wenn einer von denen im Gefängnis sitzt, wen einer von denen Unrecht erleidet, dann betrifft mich das als Mitglied dieser menschlichen Familie. Da gibt es den schönen Satz: „Solange ein Mensch dieser Welt noch unfrei ist, kann ich nicht wirklich frei sein." Aus dem entsteht Mitgefühl, ob es religiös motiviert ist oder politisch oder nur auf der Ebene der Gerechtigkeit. Es ist immer Mitgefühl, das uns menschlich macht.

An der Seele wachsen

Leid ist das Sinnloseste, was es gibt. Aber ich kann ihm nachträglich einen Sinn geben. Von vornherein hat das keinen Sinn. Mit meinem irdischen, kleinen Gehirn und meiner menschlichen Verantwortung kann ich sagen, ich wollte keinen Schmerz, ich wollte kein Leid, ich wollte kein totes Kind. Das hat keinen Sinn. Ich kann aber sagen: „Das ist mir passiert." Unschuldig. Als guter Mensch bin ich zu solchem Leid, zu solcher Ungerechtigkeit gekommen. Was mache ich damit? Ja, ich nütze es, um zu wachsen, damit ich keinen Schaden an meiner unsterblichen Seele davontrage.

THOMAS GEIERSPICHLER

Die Vision mit starkem Willen leben:
„Meine Traumwelt ist die Realität!"

Thomas Geierspichler hat als Rennrollstuhlfahrer Karriere gemacht. Bei mehreren Paraolympics gewann er Goldmedaillen. Dass er so weit gekommen ist, grenzt an ein Wunder. Wenige Tage vor seinem 18. Geburtstag ist er als Beifahrer mit einem Freund auf dem Heimweg von der Disko. Thomas Geierspichler schläft, sein Freund nickt am Steuer ein – „zusammen mit einer Kurve eine schlechte Kombination". Ein Arzt im Rehabilitationszentrum sagt ihm ungeschminkt: „Du wirst nie wieder gehen können." Auf die niederschmetternde Diagnose folgen drei Jahre mit schweren Alkohol- und Drogenproblemen. Thomas driftet in eine „Parallelwelt" ab. Eigentlich hätte er als Bauer den Hof der Eltern übernehmen sollen. Nun sieht er für sich keine Zukunft. Ausbildungen als Bürokaufmann und Webdesigner schaffen keine attraktive Perspektive. „Zigaretten, Joints, Whisky und 12, 13 Halbe Bier", so beschreibt Thomas Geierspichler das tägliche Quantum, das ihm die Illusion ermöglicht, gar kein so schlechtes Leben zu haben. Bis er in einer Diskothek unvermutet von einem Mann angesprochen wird, der meint, der Glaube und die Bibel könnten Thomas einen neuen Lebenshorizont geben. Erst weist er das von sich. Dann lässt er sich auf erste Treffen mit Mitgliedern einer „Freien Christengemeinde" ein. Und schließlich kommt die „Lebenswende", wie er das selbst bezeichnet.

Am 28. 12. 1997 war ich bei Bekannten auf dem Gaisberg, bei Mitgliedern der Christengemeinde. Wir verbrachten einen netten Nachmittag, bis zum Abend. Danach setzte ich mich ins Auto und griff als Erstes wieder nach den Zigaretten. Die Christen hatten mir vorher nahegelegt: „Versuche in der Bibel zu lesen. Mehr als dass es dir helfen kann, kann nicht passieren." Als ich nach den Zigaretten greifen wollte, war mein erster Gedanke: „Jetzt bist du da acht Stunden oben gewesen. Es war ein netter Nachmittag, und jetzt steigst du in dein Auto, dein gewohntes Umfeld, und greifst sofort nach einer Zigarette. Daran hast du oben nicht gedacht." Da habe ich irgendwie gesehen, dass es zwei verschiedene Geistesmächte gibt. Die Macht der Gewohntheit und die Macht der neuen Welt, einer positiven, guten Welt. Dann kam der Gedanke: „Probier es, hör auf zu rauchen!" Und dann das Gegenargument: „Geh, das schaffst du sowieso nicht." Das war für mich neu, dass es da zwei verschiedene Mächte gibt, den Teufel und Gott. Ich glaube, Teufel und Gott sind nur eine Versinnbildlichung. Wenn man etwas Positives oder Negatives personifiziert, kann man es auf den Punkt bringen. Und wenn man es auf den Punkt bringt, kann man damit umgehen. So funktioniert für mich der Glaube. Aber in großem Respekt Gott gegenüber. Gott ist für mich Geist. Ein positiver Geist, ein unendlicher Fluss, der keine Blockade hat und nicht stoppt. Der Teufel will dich stoppen. Dann ist es in mir hin- und hergegangen. Ich habe gesagt: „Wenn es dich wirklich gibt und in der Bibel steht, alles ist möglich dem, der glaubt, dann schaue ich mir das einmal an. Dann probiere ich das." Ich habe mir kein Zeitlimit gesetzt, sondern gesagt: „Okay, ich probiere es einmal aus."

Ja, und dann habe ich gesagt: „Gut, dann probiere ich es mit dem Kiffen und dem Saufen auch gleich." Denn wenn, dann mache ich gleich alles auf einmal. Ich habe gesagt: „So, das ist der letzte Zug, ich werfe die Tschick hinaus." Und dann ist auf einmal ganz viel Energie in mir aufgestiegen. Ich habe Hanteltraining gemacht und Liegestütz und so. Ich glaube, dass sich der Körper selbst heilen kann oder Gott das heilen kann, wenn man alle Blockaden im Körper löst. Dann ist der Energiefluss da. In mir ist immer mehr Energie aufgestiegen. Ich habe geglaubt, ich muss so drauf sein wie der Jesus und muss 40 Tage fasten. Also habe ich jeden Tag nur eine Hildegard-von-Bingen-Fastensuppe gegessen und Wasser getrunken.

Das Fundament der Wahrhaftigkeit

Ich habe einfach nur gespürt, dass ich das für die Reinigung brauche. Der Kampf mit dem Hunger war in meinem Fall wie ein Kampf mit dem Teufel. Der sagt: „Komm, jetzt iss etwas", und ich sage: „Nein, ich will den Weg Gottes gehen, und ich will dieser Macht widerstehen." Das war für mich dann ein richtiger Spaß. Langsam habe ich durch dieses Fasten und Bibellesen viel Hoffnung bekommen und nach vorne schauen können. Das ganze Unglück ist aus mir herausgebrochen. Ich habe viel geweint. Mir wurde immer leichter und leichter. Und dann ist passiert, dass ich mich so annehmen konnte, wie ich bin. Weil ich einfach auf dem Fundament der Wahrhaftigkeit gestanden bin. Und weil ich da gestanden bin, wurde ich authentisch mit mir selbst. Wenn du authentisch mit dir selbst bist, bekommst du durch Gefühle, Träume, Visionen deine nächsten Schritte aufgezeigt. 1998 war in Nagano der Sturz von Hermann Maier. Als er stürzte, dachte ich, der ist tot oder querschnittgelähmt. Drei Tage später wurde er Olympiasieger. Dann haben sie die Bundeshymne gespielt. Mir hat es die Tränen richtig herausgedrückt und die Gänsehaut aufgezogen. Dann hatte ich Bilder im Kopf, wie ich früher, als Kind, auf dem Diwan gesessen bin, wenn die Streif-Abfahrt übertragen wurde. Ich hatte dieselben Gefühle, Gänsehaut und Tränen. Aber ich habe das hinuntergewürgt. Als Kind konnte ich nicht einordnen, warum ich mich da freue. Wenn ich Weltmeisterschaften oder Olympische Spiele im Fernsehen gesehen habe, ist mir das immer sehr nahe gegangen. Da habe ich gewusst, so arbeitet Gott. Er kommt nicht herunter in einem Feuerschwall, sondern er gibt dir ein tiefes inneres Verlangen oder eine Leidenschaft oder einen Herzenswunsch, und das musst du dann tun. Der Hermann Maier hat auch nicht als Talent gegolten und keiner hat ihn mögen. Trotzdem hat er es geschafft. Weil er halt einfach das im Kopf freigesetzt hat. Und warum soll ich das nicht können? Da hatte ich den Gedanken, ich will für mich einmal die Bundeshymne hören. So arbeitet Gott. Er gibt dir eine Vision. Die hast du immer am Horizont und dann gehst du einfach darauf zu. Es wird auch schwierig über Steine und Hügel. Aber wenn du immer der Vision nachläufst, merkst du gar nicht, dass du über Steine und Hügel gehst. Und plötzlich bist du dann dort.

Widerstände überwinden

Sicher ist es schwierig und zäh. Und je näher du zum Ziel kommst, desto schwieriger werden die Umstände. Natürlich, der Teufel, das ist der, wo du dich fragst, wie kommst du über diese Mauer. Nur, wenn du dich bei der Mauer verrennst und nicht sagst, du willst da drüber, wird es schwierig. Der Teufel baut natürlich immer größere Mauern. Aber dahinter ist die Vision, und sie existiert. Es sind zwar Mauern und Berge da, aber es gibt immer wieder eine Möglichkeit, wie du drüber kommst. Das erkläre ich wie einen James-Bond-Haken, den man in ein Mauerwerk schießt, und dann ziehst du dich hinauf. Sicher ist es schwierig, dass du hinaufkommst. Aber, wenn du das Seil nicht auslässt, dann bist du irgendwann einmal oben. Du musst halt daran ziehen, bis du oben bist.

Dem eigenen Ziel folgen

Ich habe die Vision nicht selbst kreiert. Sie ist gekommen. Man kann nicht einfach beschreiben, was Gott von einem will. Es wird einfach eingegeben. Ich hätte nichts anderes tun können. Sogar, wenn ich einen anderen guten Weg eingeschlagen hätte, der aber nicht meine Bestimmung war, hätte ich mein Ziel verfehlt. Es war einfach da. Mir geht es auch nicht um den Sieg. Ich will die Bundeshymne für mich spielen hören. Ich will nicht andere schlagen oder gegen sie kämpfen. Das ist der Unterschied. Wenn du andere Leute schlagen willst und dich darauf konzentrierst, wie schlage ich den, dann verfehlst du dein Ziel. Meine Kraft ist daraus entstanden, dass ich gesagt habe: „Ich will die Bundeshymne für mich spielen hören." Daraus resultiert, dass du Weltrekorde fährst und Rennen gewinnst. Daraus kommt die Motivation, dass du hart trainierst, härter als andere vielleicht, dass du das Alzerl mehr gibst, damit du es schaffst. Du schöpfst die maximale Energie frei, wenn du immer deine Vision vor Augen hast.

Das eigene Rennen machen

Die Bundeshymne wurde das erste Mal für mich gespielt 2004 bei den Olympischen Spielen in Athen beim 1500-Meter-Rennen.

Ich hatte vorher zwei Rennen, beim 5000er war plötzlich ein Japaner da. Das hat mich voll aus dem Konzept gebracht, denn zu der Zeit habe ich relativ viel dominiert. Und plötzlich habe ich wieder gesehen, ganz knapp, bevor du dein Ziel erreichst, kommt der Teufel noch einmal und möchte dich niederhalten. Ich habe gesagt: „Ja, das schaffe ich nicht mehr, gegen den habe ich keine Chance." Da musst du wieder sagen: „Auch wenn du es nicht schaffst, vertrau einfach auf Gott, werde wieder eins mit dir selbst. Schau nicht auf die Leute. Mach einfach deinen eigenen Weg und mach dein eigenes Rennen. Fahr einfach." Und dann ist es beim 1500er passiert, weil ich nicht auf die Gegner geschaut habe, sondern weil ich eins mit mir selbst war, weil ich es einfach habe rennen lassen. Da lernt man so viel fürs Leben. Dass man Sachen nicht erzwingen kann, sondern dass man es einfach passieren lassen muss. Schon mit dem Ziel im Hintergrund. Man darf es nicht einfach dahinplätschern lassen. Aber wenn du die Vision hast, dann kannst du es im Moment einfach passieren lassen.

Dankbarkeit statt Triumpf

Es ist einfach eine Riesenbelastung von mir abgefallen. Ich habe geweint und war glücklich. Im Nachhinein, wenn man die Videos im Fernsehen sieht, ist es einfach eine Genugtuung. Aber es geht nicht darum zu sagen: „Ich bin der Medaillengewinner und ich habe das und das gewonnen." Das ist super. Du kannst stolz darauf sein. Und ich bin voller Dankbarkeit für alle, die mich unterstützt haben. Meine Mama hat ihr ganzes Leben für mich eingesetzt und mein damaliger Trainer Walter Gfrerer, mittlerweile ein guter Freund, hatte das richtige Gefühl für meine Motive und konnte genau auf mich eingehen. Er hat mir gezeigt, dass alles möglich ist und man an seiner Vision festhalten muss. Dieser Rückhalt bei meiner Mutter und meinem Trainer hat mir den nötigen Kick gegeben, alles erreichen zu können. Ich hänge meine Medaillen aber auch nicht auf. Bei mir sind sie in einer Kiste. Für mich geht es um das Erlebte. Das Schöne ist der Weg zum Ziel. Der Erfolg ist nur eine Bestätigung.

An Heilung glauben

Ich kann die Beine nicht benutzen. Aber ich habe auch am Oberkörper eine Lähmung: Ich habe keine Bauchmuskeln. Es gibt da mehr Sachen, die ich nicht bewegen kann. Ich fühle mich trotzdem eins mit mir selbst. Die Ist-Situation ist, dass ich nicht gehen kann. Ich warte aber nur auf den Moment, wo ich mich nach oben ausstrecken kann, damit die Energie so durchgeht, dass ich plötzlich die Beine bewegen kann.

Ich glaube nach wie vor an körperliche Heilung. Ich glaube an komplette, hundertprozentige Heilung. Ich habe kein Problem, wenn es nicht passiert. Ich sterbe als glücklicher Mensch, auch wenn ich im Rollstuhl sitze. Heilung kann man aber nur erfahren, wenn man auch daran glaubt, und wenn man sich nach oben hin ausstreckt. Wenn du nicht glaubst, kann diese unendliche Energie nicht in dich fließen. Wenn du offen bist wie ein Trichter, kann sie, wenn es sein soll, durch dich fließen. Allein durch diese Haltung bekomme ich so viel Energie für mein Leben, dass sie mich für viele Situaionen stärker macht als andere, die sich nach oben dicht machen.

Meine Bestimmung leben

Alles, was daherkommt, kommt. Ich mache alles so lange aus Überzeugung, bis Gott sagt: „Das ist der nächste Weg." Mir ist wichtiger, dass ich meine Bestimmung lebe, als dass ich einem sportlichen Erfolg nacheifere. Ich mache immer das, was in meinem Kopf ist. Das ist gut für mich. Das mache ich aus voller Überzeugung.

JÖRG PRZYBILLA

Pragmatisch das Naheliegende tun:
„Mein Herz hat zwei Leben."

Jörg Przybilla ist Bankkaufmann in München und lebt mit einem transplantierten Herzen. Den flotten Mittfünfziger begleiten seit seiner Kindheit Herzprobleme. Herzklappenoperation und Herzschrittmacher reichen aber nicht aus, um das „Loch" im Herzen, mit dem er geboren wurde, auszugleichen. Im Februar 2005 wurde ein Spenderherz in seinen Körper verpflanzt. Seither lebt er damit. Bestens, wie er sagt.

Wenn ich mich tagsüber in meinem Beruf bewege und unterwegs bin, oder Sport treibe, denke ich nicht daran, dass ich mit einem zweiten Herzen lebe. Ich werde jeden Morgen und jeden Abend durch die Tabletteneinnahme daran erinnert, und wenn ich morgens vor dem Spiegel stehe und meinen zernarbten Körper sehe.
Mein Körper sieht schon ziemlich kriegsversehrt aus.

Das Schicksal annehmen
Mein Gegner war der Tod, wenn man es genau nimmt. Der hat schon hin und wieder angeklopft bei mir. Ich habe ihn nie hereingelassen. Ich hatte schon immer viel Lebensmut und eine positive Einstellung zum Leben. Depression kenne ich nicht. Schon Tiefpunkte, wo mal etwas nicht so läuft oder man Niederlagen erlebt, aber ich habe nie gehadert, warum denn nur ich? Ich habe gedacht, das ist mein Schick-

sal. Ich habe es angenommen, und deswegen konnte ich damit gut umgehen. Es gibt so viele Menschen, die sich teilweise nicht mehr bewegen können, und trotzdem Spaß am Leben haben. Ich kann ja alles normal machen. Warum soll ich traurig sein oder depressiv? Mein Umfeld hat mir das Leben auch etwas leichter gemacht, auch den Wiedereinstieg in meinen Beruf. Ich bin schon im 19. Jahr bei der Deutschen Leasing tätig. Als ich krank war, bin ich ein Jahr ausgefallen. Durch die Krankheit, die Operation, die Rehabilitationsmaßnahmen. Man hat mich wieder aufgenommen. Ich habe einen ganz vorsichtigen Einstieg machen können, indem ich zuerst zwei Tage, dann drei Tage, dann vier Tage und seit zwei Jahren wieder fünf Tage die Woche arbeite. Das ist schon toll. Man hat mir den Einstieg auch finanziell leichter gemacht, indem man mir meine Bezüge für ein Jahr garantiert hat. Dadurch war es natürlich wesentlich leichter.

Wissen hilft kämpfen

Ich habe mir immer alles sehr genau erklären lassen. Ich habe es nicht ausstehen können, wenn Ärzte um mein Bett gestanden sind und fachsimpelten. Ich habe immer gesagt: „Hallo, meine Damen und Herren, sprechen Sie über mich? Dann erklären Sie es mir bitte so, dass ich es verstehe." Da waren natürlich einige nicht gerade begeistert.

Ich wollte nur immer gerne wissen, was mit mir ist. Ich kann mich dann besser darauf einstellen, auch gedanklich. Ich kann dann mehr Ruhe in mich hineinbringen. Wenn ich weiß, was mit mir ist, kann ich mich entspannen. Wenn ich nicht weiß, was gemacht wird, bin ich verkrampft, und dann kann unter Umständen auch etwas schiefgehen. Die Ärzte haben mir bestätigt, dass ich bei den Operationen immer körperlich mitgemacht habe. Ich habe im Unterbewusstsein immer Kraft gehabt.

Bis auf eine Operation, dem Einsetzen eines Herzschrittmachers, hat es nie Komplikationen gegeben. Ich bin dort reingegangen und habe mir gesagt: „Das schaffe ich, da komme ich durch." Diese Vorstellung hat sich vermutlich in meinem Körper, in meiner Muskulatur festgesetzt und dazu geführt, dass es auch für die Ärzte entspannter war.

Das spielt sich bei mir im Kopf ab, und was sich dort abspielt, geht in den Körper hinein. Deswegen mag ich es nicht, auch nicht im Job, wenn man mir sagt, das geht nicht. Geht nicht, gibt es nicht. Dann will ich wissen, warum es nicht geht. Wenn man mir das erklärt, und ich das nachvollziehen kann, dann akzeptiere ich das auch. Aber nur zu sagen, das geht nicht, oder das mache ich nicht, das lasse ich so nicht stehen.

Wenn ich merke, dass ich unruhig und angespannt bin, nehme ich mich für einen Moment zurück, gehe raus und hole mich runter. Das schaffe ich sehr gut.

Zurück ins Leben

Ich bewundere viele Menschen mit Behinderungen, wie die damit umgehen. Von diesen Menschen kann man unheimlich viel lernen. Wenn ich mir ansehe, wie diese Welt funktioniert, ist es eigentlich grausam. Es geht nur um immer mehr Profit, immer größer, immer stärker zu werden, alles immer mehr zu machen und zu haben. Statt zu sagen, okay, wir haben so viel, lasst uns das erhalten, das reicht doch. Gerade durch die Weltwirtschaftskrise heißt es überall: Oh Gott! Aber was haben wir alles! Das wird nicht gesehen, sondern nur, was wir verlieren. Es verliert kein Mensch etwas, wir machen nur weniger gegenüber den vorherigen Jahren. So etwas finde ich schlimm. Beim Wiedereinstieg in meinen Job hatte ich zum Teil richtige Identifikationsprobleme.

Ich war ein Jahr lang damit beschäftigt, wieder ins Leben rein zu kommen, wieder ein normales Leben zu führen, sodass man nach außen hin sagen kann, der ist ganz normal. Wenn man dann zurück im Job erlebt, wie gesagt wird, was man im nächsten Jahr alles größer und besser machen will, dann bin ich 2005 doch dabei gesessen und habe mir gedacht: „Willst du das noch? Brauchst du das noch?"

Wenn man sieht, mit welchem Enthusiasmus die Leute sich darstellen und sagen, was da alles abgehen muss, denke ich: „Du bist eigentlich ein ganz armer Wicht. Du weißt gar nicht, was das bedeutet." Es muss nicht sein, dass jeder ein Schicksal erleidet, das ihn auf den Boden der Tatsachen zurückholt. Aber ich hatte gehofft, dass eine Zeit, wie wir sie jetzt haben, dazu führt, in sich zu kehren und zu überlegen, wie wir künftig weitermachen. Doch man versucht nur, den Schaden so gering wie möglich zu halten und dort wieder hinzukommen, wo man vorher war. Das finde ich furchtbar.

Einem anderen verpflichtet

Wenn man ein Spenderherz bekommt, ist das extremes Angewiesensein. Leben oder Tod hängen von jemand anderem ab. Wenn man die Entscheidung für die Transplantation getroffen hat, ist man davon abhängig, ob jemand anders zu Lebzeiten bereit ist, im Falle seines Todes seine Organe zu spenden. Aber dessen darf man sich nicht bewusst sein, sonst bekommt man Angst. Dann kann die Wartezeit zur richtigen Qual werden. Vor allen Dingen, wenn man denkt, hoffentlich stirbt bald einer. Das darf man nicht.

Ich spüre eine große Dankbarkeit, auch dem Menschen gegenüber, der mir die Möglichkeit gegeben hat, weiterzuleben. Ich weiß nicht, wie er heißt, woher er kommt, ob er verheiratet war, ob er Kinder hatte.

Manchmal denke ich, dass man nach einer gewissen Zeit Kontakt aufnehmen könnte. Vielleicht ist es aber auch gut, wenn es nicht so ist, denn man weiß nicht, was man damit aufwühlt. Die Angehörigen des Spenders bekommen nur eine Nachricht, ob die Transplantation erfolgreich war. In meinem Fall ist das für die Angehörigen vielleicht eine große Genugtuung, zu wissen, er ist nicht umsonst gestorben.

Die Dinge gelassen angehen

Ich konnte noch nie in meinem Leben ertragen, etwas vor mir her zu schieben. Ich kann mich an viele Situationen in meinem Leben erinnern, wo ich eine Lösung für Unangenehmes zu finden hatte. Ich erledige bis heute die unangenehmen Dinge gleich am Vormittag, sodass ich den Nachmittag für mich habe, um mich den schönen Dingen zu widmen. Am Schreibtisch liegen bei mir immer die unangenehmen Dinge obenauf.

Ich nehme aber auch Dinge hin, wenn es nicht wert ist, darüber ein Wort zu verlieren. Es gibt den schönen Spruch: „Herr, gib mir die Gelassenheit, die Dinge hinzunehmen, die ich nicht ändern kann, den Mut, die Dinge zu ändern, die ich ändern kann, und die Weisheit, das eine vom anderen zu unterscheiden." Das ist mein Grundsatz. Der hängt bei mir im Büro auch an der Wand.

Für mich gibt es etwas, das auf mich einen Einfluss in der Form nimmt, dass es mir Kraft gibt. Es ist irre, aber es ist so. Beschreiben ist schwierig. Aber es gibt Situationen, wo ich denke: „Wie bekommst du das gelöst? Warum funktioniert das nicht?" Wo ich mich dann mit dieser Kraft austausche. Und eine Lösung finde oder zumindest Hilfe. So kann man das beschreiben.

Ich führe jeden Abend ein Gespräch mit dieser Kraft. Das gibt mir eine innere Ruhe. Ich weiß, wenn es drauf ankommt, ist sie da.

Neue Wertigkeiten

Ich mache den Job heute, um mir ein schönes Leben zu ermöglichen. Dadurch kann ich mir Dinge gönnen, die ich sonst nicht haben könnte. Damit ich, wenn ich einmal von diesem Planeten gehe, schöne Erinnerungen mitnehmen kann. Das habe ich immer so gemacht. Ich lege nicht so viel Geld zurück, um für später zu sparen. Nein, ich mache Dinge, die mich freuen, heute.

Mein Ablaufdatum ist 85. Das habe ich mir selbst gesetzt. Da habe ich noch knapp 30 Jahre. Und die werde ich jeden Tag genießen. Das ist eigentlich mein Ziel.

Große Ziele, um zu überleben:
„Lance Armstrong ist mein Vorbild."

*Max Rechenmacher wird immer wieder durch Tumore in der Schleimhaut beeinträchtigt. Der gute Schüler Max ist das zweite von sieben Kindern. Seine Familie lebt in Altmünster am Traunsee. Als er elf ist, werden bei einer Operation, die nur der Entfernung von Polypen in der Nase dienen sollte, die ersten Tumore entdeckt. Die Tumore werden immer wieder entfernt, wachsen nach, führen dazu, dass die noch wachsenden Knorpel der Wange neu aufgebaut werden müssen. Eine labile Situation, die dem lebensfrohen Max einiges abfordert. Er ist hochmusikalisch und kämpft darum, trotz Tumor Trompete spielen zu können. Seit er sieben ist, spielt er das Instrument, vor allem „weil mir das Laute taugt".
Und er überlegt, wie er trotz allem am besten leben kann.*

Ich habe einen Monat nach der Operation versucht nichts zu machen. Dann habe ich angefangen zu lesen. Ich habe Biografien von Lance Armstrong gelesen. Der ist mein Idol, heute noch. Nach dem Krebs, mit zehn Jahren, habe ich für ein Rennrad gespart, und heute fahre ich jede Woche fast 100 Kilometer.
Armstrong war vorher sehr sportlich, ist geschwommen, hat Triathlon gemacht, dann ist er nur mehr Rennrad gefahren und war sogar Jugendweltmeister. Am 3. September ist er zum Arzt gegangen, weil er geschwollene Hoden hatte. Ei-

nen Tag später wurde er schon operiert. Er hatte Metastasen in der Lunge und Tumore im Kopf. Das war eine Hammer-Geschichte, das war echt schlimm. Dann hat er Chemo gehabt. Dann hat er irgendwann, während der Chemo, angefangen wieder Rad zu fahren. Er hat schon versucht, sich zu schonen, aber er hat es auch nicht ausgehalten. Als er klinisch geheilt war, hat er sich noch ein, zwei Wochen geschont, und dann ist er wieder jeden Tag mehrere Stunden auf dem Rad gesessen. Er hatte die Willenskraft, so schnell wie möglich wieder in das Leben hineinzukommen. Das habe ich einfach saugeil gefunden. Das Radfahren hat mir immer schon getaugt, aber das Rennradfahren ist noch geiler.

Unerreichbare Ziele setzen

Nicht vor etwas davon zu fahren, sondern schnell auf etwas hin zu fahren, das ist für mich der tiefere Sinn beim Radfahren. Ich fahre zu dem hin, dass ich irgendwann einmal etwas Geiles erreiche.

Das ist auch beim Trompetenspielen so. Ich habe immer noch die Vorstellung, dass ich irgendwann ein Solokonzert für ein paar hundert Leute spiele. Das ist mein Traum. Das sind Fantasien, die ich mir nach dem Krebs entwickelt habe. Ich habe mir gedacht, ich brauche unerreichbare Ziele, damit ich dort hinkomme.

Das habe ich mir schon gedacht, bevor ich von Lance Armstrong gelesen habe. Aber mir hat noch der Kick gefehlt. Ich wollte immer schon den 3. Hummelsatz spielen, etwas Schwieriges auf der Trompete. Beim Radfahren war das unerreichbare Ziel der Gmundnerberg. Jetzt fahre ich ihn in 20 Minuten rauf und runter. Für einen Zehnjährigen war das wie der Mount Everest. Jetzt ist er eine Aufwärmstrecke. Man versucht immer ein Alzerl mehr zu geben als beim vorigen Mal. Im vorigen Jänner bin ich den Gmundnerberg hinauf und nach Ebensee gefahren, jetzt möchte ich in die Gosau hineinfahren. Man versucht, immer noch mehr Kilometer zusammenzubekommen. Jetzt ist ein Ziel, an einem Tag zu meinem Firmpaten nach Krems zu fahren.

Die Einstellung zur Krankheit
Wenn ich denke, dass der Krebs mich umbringen könnte oder dass er mich sowieso umbringt, dann gehe ich nicht lebendig aus der Sache heraus. Ich muss sagen, Servus, hab' mich gerne. Mentale Kraft ist ziemlich entscheidend.

Der Krebs ist ein psychischer Gegner. Medizinisch kann ich nichts dagegen tun. Ich kann nur für mich selbst etwas tun. Medizinisch ist er ein Gegner für den Arzt. Er ist wie ein Terrorist im eigenen Körper, der sich in alles einmischen möchte. Der alles durcheinanderbringt.

Ich erkläre ihm den Kampf einfach, indem ich genauso weitermache wie immer. Dass ich ihm nicht das Gefühl gebe, er hätte eine Chance.

Wenn ich mich einsperre in mein Zimmer, dann denke ich in der Zeit, was tu ich jetzt. Weglaufen kann ich nicht, verstecken kann ich mich auch nicht, denn er ist sowieso immer da. Medizinisch kann ich auch nichts machen, denn das macht der Doktor. Ich kann nur psychisch etwas tun. Deswegen versuche ich mein Leben so gut als möglich weiterzuführen. Ja, er ist da, ich muss ihn so behandeln, dass ich ihn nicht reize, sondern ihn machen lasse, und ich mache meine Sache. Dann lässt er mich auch in Ruhe.

Warum ich?

Wenn der Krebs so schlimm wird, dass ich tatsächlich nicht weiterleben kann, dann soll es so sein. Das klingt jetzt ziemlich katholisch, aber ich kann nichts dagegen machen. Wenn ich etwas dagegen machen könnte, würde ich es tun. Ich habe schon Angst vor dem Sterben, auch wenn ich weiß, dass es nicht weh tut.

Wenn es Gott gibt, warum tut er mir das an? Warum tut er das nicht denen an, die sich mit 14 schon jeden Tag zwei Packerl Tschick hineinziehen?

Nichts unversucht lassen

Die Trompete hat mir nach der Krankheit den Mut gegeben, weiterzumachen. Es war die Motivation, dass man dort hinkommt, und noch ein Stück weiter, wo man vor der Krankheit schon war. Eigentlich hat der Arzt gesagt, ich darf nicht mehr blasen, denn dadurch könnten Tumore wieder zu wachsen beginnen. Dann haben wir das Krankenhaus gewechselt. Der neue Arzt war anfangs derselben Meinung, hat aber dann gesagt, probieren wir es einfach. Ich habe es getan und es hat funktioniert.

Gesund werden ist ein Ziel, eines der ungeschriebenen Ziele, aber eines der größten. Das stelle ich mir immer vor. Ich kann nichts tun, damit ich gesund werde. Mein Ding ist, dass ich mit dem Rad fahre oder Trompete übe und ein Konzert spiele.

An der Grenze des Möglichen:

„Überleben heißt, in Bewegung bleiben."

Marlene Rechenmacher ist in ihrem Leben schon oft dem Tod begegnet, auch dem von Kindern. Zu elf Kindern wird sie schwanger, sieben leben. Dramatische Schwangerschaften und lebensbedrohliche Geburten fordern der Mittdreißigerin alles ab. Mehrere Nahtoderlebnisse öffnen ihr Türen, die anderen verschlossen bleiben. Marlene Rechenmacher hält viel aus. In ihrer Jugend hatte eine schwere Autoimmunerkrankung sie für mehrere Monate in das Spitalsbett gezwungen. Aus diesen Prüfungen hat sie eine Reihe von Erkenntnissen über das Leben und was darin Bedeutung hat, mitgenommen.

Mit 15 Jahren habe ich Guayabera polyradiculitis gehabt. Das ist nichts anderes, als dass die Nervenwurzelenden im Rückenmark entzündet sind, und Guayabera ist eine Vergiftung des Liquors, was Veränderungen des Rückenmarks und der Gehirnsubstanzen hervorruft. Da gibt es zehn Stufen. Damals hat es zwei solcher Fälle in Österreich gegeben. Zuerst hat man geglaubt, das ist eine psychische Erkrankung. Es ist so losgegangen, dass ich immer wieder umgefallen bin und Lähmungserscheinungen hatte. Innerhalb einer Woche war ich gelähmt bis herauf zum Brustkorb. Erst ein Arzt in Linz hat mir dann gesagt, dass ich keine psychische, sondern eine physische Erkrankung hatte. Damals war das ein wahnsinniger Kampf. Ich war von meinen Eltern sehr verlassen. Damals war ich sehr einsam. Das war der erste Schritt durch die Hölle durch. Durch die Hölle durch, weil man als Kind nicht versteht, warum man auf der Welt ist, wenn sich dann keiner um einen schert.

Der erste nahe Tod

Es gab damals eine Geschichte. Ich war auf der Quarantänestation. Die war damals in Kojen. In der Koje nebenan lag ein kleines Mädchen. Das war auch unheilbar krank. Die Eltern sind in der Nacht fortgegangen. Ich weiß, es war eines der ersten Male, dass ich im Rollstuhl heraußen gesessen bin. Sonst bin ich nur gelegen. Ich saß im Rollstuhl und konnte die Hände nicht wirklich bewegen. Ich war angeschnallt, damit ich nicht nach vorne falle. Ich habe gemerkt, dass das Mädchen recht unruhig ist, und bin dann mit dem Rollstuhl zu dem Mädchen gekommen. Sie ist da gelegen und ihr sind die Tränen heruntergelaufen. Sie hat gesagt, sie habe das Gefühl, sie schaffe es nicht mehr. Ihr gehe es nicht gut. Und wenn sie jetzt von da weg komme, möchte sie gerne wissen, wohin sie kommt. Ich weiß bis heute nicht, wie ich es gemacht habe. Ich konnte die Hände ja nicht rühren, aber ich habe das Mädchen aus dem Bett gezogen, habe es auf dem Rollstuhl gehabt und bin zum Fenster gefahren. Ich habe zu ihr gesagt, sie brauche keine Angst zu haben, wenn sie nicht mehr da ist, denn dann sei sie ein Stern am Himmel. Das war für sie so eine Perspektive, dass sie gewusst hat, wo sie ist und dass sie auch bei ihren Eltern ist, dass sie dann in meinen Armen gestorben ist. Sie ist ganz ruhig bei mir eingeschlafen. Sie ist dann lange bei mir gewesen, weil ich mir nicht mehr helfen konnte. Ich habe gespürt, wie sie kalt wurde. Dann habe ich mir gedacht, wenn du die Perspektive hast, dass du ein Stern am Himmel bist und so ruhig einschläfst, dann passt das. Das war für mich ein so tiefes Erlebnis, dass ich für mich selbst auch keine Angst mehr hatte und es keine Belastung mehr war, dass ich so krank war. Ich habe gedacht, entweder ich bleibe da und kann mit meinem Leben etwas bewirken, oder ich bin ein Stern neben ihr.

Ohne Angst sterben

Ich hatte mich vorher schon mit verschiedenen Todesformen beschäftigt. Ich habe über das Leben nach dem Tod gelesen. Das hat mich interessiert. Es war daher für mich kein Schock. Es ist anders, wenn Kinder sterben, als wenn Erwachsene sterben. Wenn man Kinder beobachtet, weiß man, sie haben eine Ahnung von einem Leben vor und nach der Geburt. Für ein Kind gibt es nicht das absolute Aus. Das Bewusstsein dafür bekommt man erst als Erwachsener. Bei Kindern ist eine ganz andere Ruhe und Vertrautheit angesichts des Todes. Vielleicht sogar oft, das habe ich auch beobachtet, eine kindliche Neugier, was kommt. Das nimmt die Angst. Ich habe bisher noch kein Kind erlebt, und ich bin dem Tod schon sehr oft begegnet, das nicht angstlos gestorben ist. Kinder schlafen ein und lassen die Schwäche zu. Mein Satz ist: In jedem Ende liegt ein Anfang. Wenn man ruhig ist, kann das eine eigene Form von Entspannung bringen, die man sonst nie hat. Man spürt den Körper auf eine Art und Weise, wo nur mehr der existentielle Wert, das Gefühl und der Gedanke, übrig bleiben. Wenn man das annimmt und keine Angst hat, kann das ein eigenwilliger, schöner Schwebezustand werden. Nur als Erwachsener hält man krampfhaft an Verantwortungen fest, die man noch hat, an dem, was man noch tun will. Dadurch entsteht Angst und man kommt in eine Spirale, die Panik erzeugt.

Zwischen Leben und Tod

Leben zu schenken ist ganz eng verbunden mit der Konfrontation mit dem Tod. Für mich war das immer so. Es gibt ein Beispiel, das mich sehr geprägt hat für meine weiteren Schwangerschaften. Unser erster Sohn Jakob war eine sehr schwere Entbindung. Nach 48 Stunden war er endlich da. Ich habe ihn kaum im Arm gehabt, war sehr selig und glücklich, auf einmal geht der Alarm los und dann hat man gehört, wie die Leute rennen. Als ich mich wieder gefangen hatte, hat mir die Hebamme gesagt, in der Geburtsminute vom Jakob sei ein alter Mann im Zimmer nebenan gestorben. So wechseln sich Ankommen und Fortgehen ab. Das war für mich ein intensives Erlebnis.

Wer überlebt?

Bei der letzten Tochter, Gerlinde, starb die Zwillingsschwester. Vier Wochen vor dem Entbindungstermin ist es mir sehr schlecht gegangen. Ich hatte viel gearbeitet, und das Gefühl, dass etwas nicht stimmt. Ich bin am Freitag ins Spital, und sie haben mich wieder heim geschickt. Ich bin am Samstag wieder hinein, weil ich das Gefühl hatte, da stimmt etwas nicht, aber sie haben mich wieder heim geschickt. Am Montag in der Früh habe ich einen Kaffee getrunken und bin wieder ins Spital, weil ich fühlte, da stimmt etwas nicht.

Gott sei Dank war mein Frauenarzt da. Ich habe mich gerade noch hinein geschleppt. Er sieht mich, und sagt: „Da stimmt wirklich etwas nicht, wenn du kommst." Er ließ mich untersuchen und sagte: „Um Gottes Willen, die Kinder stehen knapp vor einem Schlaganfall. Wir brauchen sofort eine Notgeburt." Da hat er noch davon gesprochen, dass wir die Kinder erhalten müssen. Dann sagt er. „Bitte, geh von der Bank da herüber." Auf diesem Weg bin ich zusammengebrochen, hatte Atemstillstand und Herzstillstand. Als ich wieder zu mir gekommen bin, bin ich schon in einem Bett gelegen. Mein Arzt hat gesagt: „Marlene, wir müssen Notkaiserschnitt machen." Ich habe gesagt: „Ja, macht, dass ihr so viel Leben erhalten könnt wie möglich." Dann war ich wieder weg, wieder Atem- und Herzstillstand. Ich kam in einem runden Raum wieder zu mir. Der Arzt ist hereingekommen, hat mich gestreichelt, ist hinaus, dann wieder herein, hat mich wieder gestreichelt, ist wieder hinaus. Er hat mir später gesagt, das sei für ihn das erste Mal gewesen, dass er die Frage stellen musste: „Kind oder Mutter?" Er hat für mich entschieden. Sie haben mich stabilisiert. Mein Arzt hat gedrängt: „Macht schneller, sonst ist die Marlene weg oder die Kinder sind weg." Ich habe mir gedacht, ich kann nichts als ganz ruhig bleiben, ich kann nichts festhalten. Das Leben entscheidet für sich selbst. Dann haben sie den Kreuzstich gesetzt, aber so hoch, dass mir die Atmung eingeschlafen ist. Ich habe mir dann selbst einen Atemrhythmus gemacht. Erste Fliese, einatmen, rosa, zweite Fliese, ausatmen, grün, dritte Fliese einatmen, rosa. So habe ich geschaut, dass ich ganz regelmäßig atme. Ich habe gedacht, das ist jetzt mein Beitrag. Ich habe versucht, das zu regulieren, obwohl es im Kreissaal ganz turbulent zugegangen ist. Zwei Kaiserschnitte waren nötig. Dann hat aber nichts geschrieen. Ich dachte, vermutlich sind beide Kinder gestorben. Aber nach einer Zeit habe ich einen kleinen Muckser gehört, und dann hat eine Turnusärztin gesagt: „Eines." Ich habe gedacht, Gott sei Dank, eines lebt. Als ich das gewusst habe, ist die Kraft weggegangen und ich hatte wieder Atem- und Herzstillstand. Sie haben dann gekämpft, dass ich da geblieben bin. Die Gerlinde hat es geschafft.

Der Geist schützt die Seele

Ich kenne das Gefühl, dass die Seele vom Körper komplett losgelöst ist. Es gibt drei Faktoren für mich, die Seele, den Körper und den Geist. Die Seele ist für mich das Intuitive. Du kannst den Körper nur wahrnehmen, wenn du bereit bist, für die Seele offen zu sein. Man kann aber auch nur die Seele wahrnehmen und den Körper links liegen lassen. Es ist eine persönliche Entscheidung, ob man das in Einklang bringen möchte.

Ich bin überzeugt, dass es einen Punkt gibt, nach dem Tod, wo du das nicht mehr entscheiden kannst, an dem die Seele das Deine ist und bleibt. Man muss aber Körper und Seele nicht unbedingt in Einklang bringen. Wenn der Körper gesund ist, entscheidest du intuitiv, wie weit du die Komponenten in Einklang bringst. Wenn die Frequenzen sich überlagern, kann man sagen, man ist mit sich eins, man ist in dem Körper daheim. Aber wenn der Körper kaputt ist, musst du deiner Seele einen anderen Schutz geben, und das ist dann der Geist. Wenn der Geist auch weg ist, dann ist es für mich wichtig, dass die Mitmenschen der Seele so viel Respekt geben, dass sie wieder eine Form von Heimat hat. Ein Körper ist ein Lebenszeichen, das geprägt ist. Jede Falte, jeder verrenkte Finger hat einen Sinn, alles ist ein Abbild gelebten Lebens. Es braucht einen gewissen Respekt dafür.

Jenseits der Grenzen

Ich bin überzeugt, dass es ein Leben nach dem Tod gibt. Das ist für mich nur eine veränderte Lebensform. In dem Sinn, dass ich trotzdem da bin, nur in einer anderen Bewusstseinsform, in einem anderen Sichspüren. Ich habe auch Nahtoderfahrungen gemacht. In Bewusstlosigkeiten sind Menschen zu mir gekommen und ich habe gewusst, es geht um die Entscheidung, ob sie mich mitnehmen oder nicht.

Bei der Schwangerschaft zu den Zwillingen bin ich eines Tages in der Früh schweißgebadet wach geworden, denn ich hatte folgenden Traum: Ich sitze beim Tisch und plötzlich kommt mein verstorbener, von mir sehr geliebter Großvater herein, schön frisiert, mit seinen weißen Haaren, hat einen Arbeitsmantel an und trägt unter dem Arm zwei Kohlensäcke. Meine Mutter ist auch im Raum gestanden. Sie hat zum Großvater gesagt: „Was machst denn du da? Du bist doch gestorben!" Er ist schnurstracks auf mich zugegangen. Ich bin ganz ruhig da gesessen. Er hat den Arm um mich gelegt und gesagt: „Es tut mir sehr, sehr leid, aber ich muss wen holen." Ich habe das damals nicht verstanden. Ich war sehr aufgebracht. Drei Tage später habe ich gespürt, dass mit den Kindern etwas nicht stimmt. Dann war die Notgeburt. Zwei Wochen später erst habe ich den Traum verstanden. Es waren zwei Kohlensäcke, es war der Zeitpunkt, zu dem die Kinder gestorben sind. Der im Nachhinein berechnete Todeszeitpunkt hat genau dazu gepasst.

Zurück auf den Weg

In Nahtoderfahrungen bildet sich ein ganz eigener Dialog, ein Dialog ohne Worte. Ich habe gewusst, sie möchten mich holen. Sie waren sehr nahe, so, dass sie mich hätten schnappen können. Aber sie haben mich lange angeschaut, dann sind sie traurig geworden und zurückgewichen. So auf die Art: Die hat noch viel zu machen da. Auf ihrer Seite war Enttäuschung, dass ich noch nicht mitgehen kann.

Es ist wirklich nicht schön, wieder zurückzukommen. Zuvor ist man in einem Schwebezustand. Bevor man bewusstlos ist, wird man eiskalt, aber trotzdem kommt man in eine ganz eigene Wärme, in ein ganz eigenes Farbenbild. Es kommt eine ganz weiche Art von Musik, aber keine Musik, wie wir sie kennen, sondern etwas ganz Anderes. Vielleicht sind es nur die Blutströme, die man hört, weil man sich so in sich zurückzieht. Es ist einfach eine Melodie, ein Farbenklang, und du wirst extrem leicht. Wenn du zurückkommst, ist das wie eine ganz eigene Schwere.

Du musst, wenn du zurückkommst, wenn dir das bewusst wird, dass du wieder da bist, dich in dieser Minute neu darauf ausrichten: „Das nehme ich an und da mache ich wieder weiter, denn ich habe diesen Weg wieder bekommen." Dabei haben alle eine Freude, dass du wieder da bist. Aber ich verstehe Menschen, die traurig darüber sind, dass sie nicht gehen durften.

Offen für Neues

Überleben heißt für mich in lebendiger Bewegung zu bleiben, dass ich weiter gehe, nicht mit Scheuklappen, sondern mit Offenheit den Aufgaben gegenüber, und dass ich alles an mich heranlasse. Ich bleibe einfach offen für alle Wege.

ERIKA PLUHAR

Die Kraft des Kreativen:
„Trotzdem überleben, trotzdem lachen"

Erika Pluhar, die gefeierte Schauspielerin, Chansonette und Schriftstellerin, hatte mehrere Tode nahestehender Menschen zu betrauern, vor allem den ihrer Tochter Anna. Ihr einziges Kind, das aus der Verbindung mit Udo Proksch stammte, starb an einem Herzversagen während eines Asthmaanfalls. Sie hinterließ ihren Adoptivsohn Ignaz, dem Erika Pluhar in der Folge Mutter und Großmutter wurde. Lange vor dieser einschneidenden Lebenswende betrauerte sie den Freitod ihres Gefährten, des Schauspielers Peter Vogel. Um das 40. Lebensjahr herum, erzählt die Künstlerin, habe sich das Wort „Trotzdem" in ihr Leben eingeschlichen. Die Möglichkeit, sich künstlerisch auszudrücken, rettet sie vor den Abgründen der Zumutungen des Schicksals.

Das Signal, das mir aus diesem Wort „Trotzdem" geschenkt wurde, ist diese Lebensbemühung, dass man die Schritte zu setzen hat, ohne dass man glaubt, man wird das perfekte Ziel erreichen. Aber trotzdem in eine Richtung geht, die dem eigenen Herzen, dem eigenen Bewusstsein, der eigenen Haltung gemäß ist. Erst als ich mit dem Begriff schon künstlerisch umgegangen bin, habe ich sehr viele Trotzdems leben müssen. Es kamen dann vermehrt Verluste auf mich zu und Lebenskonstellationen, wo ich diesen Begriff weidlich nützen musste fürs Weiterleben.

Frühe Katastrophen

Ich war immer ein Menschenwesen, das mit Not konfrontiert war. Das hat begonnen mit meinen ersten Lebenseindrücken, die solche des Krieges waren. Das prägt ungeheuer. Ich bin 1939 geboren, in Wien. Die Möglichkeit der Katastrophe wurde mir damals bewusst. Und meine zweite gefährdende Lebenshürde war eine massive Anorexie, eine Magersucht, zu einer Zeit, als es dafür den Namen noch gar nicht gab. Meine Familie war in totaler Verzweiflung, und ich auch.

Da war ich 16. Bis zur Matura habe ich es halbwegs wieder geschafft. Zwei unverheiratete Kleinhäuslerinnen, bei denen wir in Unterach am Attersee zur Sommerfrische eingemietet waren, haben mir das Leben gerettet. Die haben es verstanden, in einem natürlichen und naturhaften Verständnis, mich wieder zum Essen zu bringen, ohne zu sagen: „Iss doch." Viel später, als ich ein Interview mit Alice Schwarzer hatte, sagte die: „Eh ganz klar, das war ein ganz anderes Frauenbild." Stimmt ja auch. Die waren unverheiratet, lustig, nicht von einer zwischengeschlechtlichen Zweisamkeit niedergedrückt. Dann lebte ich aber selbst zwei Ehen, von mir selbst gesucht, man ist ja da nicht unbeteiligt, die waren auch mit viel Not verbunden. Die musste man auch überleben, bei aller Belehrung und allem Reichtum, der mir auch dadurch erwachsen ist. Ich will das nicht nur negativ sehen. Aber es war hart, da durch zu kommen. Na, ja.

„Trotzdem" ist für mich nicht nur ein Lebensmotto geworden, sondern auch ein Überlebenswort.

Weitermachen, weiterleben

Ich wusste nicht, dass ich tatsächlich vom Leben so sehr auf-gerufen sein würde zu überleben. Wobei sicher das Härtes-te und Unfassbarste der Tod meiner Tochter war. Aber es gab meinen Enkelsohn Ignaz. Da musste ich mein ganzes Trotzdem aufwenden. Ich musste überleben, ich musste wei-terleben. Plötzlich musste ich zur Omarolle noch einmal alle mütterlichen Pflichten übernehmen. Freunde haben mir ge-holfen. Ich hatte großes Glück mit einer Studentin, die ein bisschen älter war als Ignaz, die mit ihm das Alltagsleben ge-schafft hat. Sie war ihm nicht Mutterersatz, sondern eher eine schlampige, vergnügte Schwester. Ich konnte ja nicht voll in ein Mutterdasein einsteigen, ich musste auch meinen Beruf weiter ausüben.

Ich konnte diesen Verlust sicher auch bewältigen, weil ich es in mein Weitertun einflechten konnte. Ich habe mein Buch „Verzeihen Sie, ist das hier schon die Endstation?" vor Annas Tod begonnen. Es waren die Schienen ausgelegt, es nach ihrem Tod zu Ende zu schreiben, und dabei auch ihren Tod zu durchwandern. Ich habe gerade eine CD aufgenom-men, und ich wurde unterbrochen bei dem Lied „Die uner-füllbaren Wünsche". Das Lied beginnt: „I mechert was habn, was mir für ewig ghört". Genau bei diesem Lied wurde ich im Studio unterbrochen und habe erfahren, dass Anna tot ist. Wir haben dann nach zwei, drei Wochen diese Pro-duktion zu Ende geführt, haben zwei Lieder hinzugefügt. Alle Musiker und ihre Freunde kamen ins Studio und haben mit mir gesungen. Wie soll ich sagen? Die Transformation in eine künstlerische Form war mir sicherlich auch hilfreich.

Ein Gefühl wie hinter Glas

Ich weiß nicht, in welcher Verfassung man zwei Wochen nach dem Tod seines Kindes ist. Das Leben an und für sich, das Alltagsleben, sagt halt: „Jetzt putz dir die Zähne, jetzt iss was, jetzt stehst du wieder auf, jetzt nimmst du doch wohl auch ein Bad." Mit diesen Alltagsbefehlen stolpert man irgendwie weiter. Und plötzlich kommt ein Tag und man hört sich wieder lachen, und man merkt, es schmeckt einem wieder etwas. Aber ich habe eine lange Zeit, ich nenne es, wie hinter Glas gelebt. Ich war auf eine schreckliche Weise gesund, mir hat nichts wehgetan. Jetzt bin ich wieder ängstlich bei Flügen. Damals saß ich im Flugzeug, das hat schaukeln können und herumwirbeln und es war mir egal. Ich war ein bisschen gefühllos, ein bisschen leblos. Aber ich habe trotzdem dieses Buch und diese CD zu Ende gemacht, konnte einen Film drehen. Ich war unendlich belastbar, weil ich nicht ganz da war. Dann, so im Lauf der Zeit und der Jahre, kam alles wieder zurück. Mein Kreuz tut mir weh, ich habe wieder Ängste. Plötzlich schleicht sich das Erdenleben wieder ein. Aber, trotzdem gibt es eine Relativierung, die einen nie wieder verlässt. Über gewisse Sachen regt man sich nicht mehr auf. Und eine gewisse Trauer lege ich auch nicht ab und will sie auch gar nicht ablegen. Mit ihr lebe ich, trotzdem. Trotzdem kann ich mich freuen, kann lachen, kann vor allem auch bei meinen Auftritten bei aller Ernsthaftigkeit, die ich immer wieder einfließen lasse, die Leute zum Lachen bringen.

Mit Anna reden

Ich habe immer über meine Tochter geredet. Ich habe es

auch mit dem Ignaz immer getan, der lange nicht und bis heute nicht wirklich über sie reden kann. Wir haben da im Garten einen alten Weinkeller. Er hat sich eine Zeitlang richtig da hinein verkrochen, wie in den Schoß der Mutter Erde. Er hatte ganz liebe Freunde, die mit ihm hinunter gekrochen sind. Die haben sich Möbel und Decken hinunter geräumt. Ich habe das plötzlich so sehr verstanden und sie machen lassen. Er wollte einfach verschwinden.

Ich kann nicht sagen, was viele tun: Sie ist eh da und sie sieht es eh. Aber sie ist hier (und sie zeigt mit der Hand auf ihre Brust). Ich rede mit ihr, aber hier. Sie ist hier. Ich suche sie nicht im Universum und auf einer Wolke. Ich proste ihr zu oder stoße auf sie an, wenn ich mit Freunden bin. Ich schreibe jeden Tag ihren Namen in meinem Tagebuch. In meinem Tagebuch rede ich auch mit ihr. Sie lebt, so lange ich sie vor mir habe, in mir habe, mit ihr umgehe, mich an sie erinnere. Es gibt ein Wienerisches Lied, das heißt: „Schau ma halt amal, dann wern ma schon sehn", ungefähr so empfinde ich dabei. Entweder ich sehe etwas nachher oder nichts. Und nichts ist ja auch nicht so schlecht.

Im Leben bleiben

Ich glaube, das Weiterleben, das Leben ist sehr stark. Die Variante, dass man sich tötet, hätte es ja gegeben, Hand an sich zu legen, und sich auch davon zu machen. Das habe ich aber nicht getan. Dazu habe ich mich entschlossen. Also habe ich mich dem Leben wieder überantwortet. Das hat mit sich gebracht, dass ich geschrieben und gesungen habe. Dieses Weggeben von Energien, das bringt immer wieder auch einen Schwall Energie zurück.

Die Parabel vom Strudel

Es gibt eine sehr schöne Komposition von Klaus Trabitsch, ein Lied, das wir fast an jedem Abend, wenn wir musizieren, spielen, und das heißt „Wana". Das Weinen ist eine große Kraft. Instinktiv habe ich mich auch nicht auf Ablenkung eingelassen. Denn man erhält natürlich Ratschläge wie „Mach eine Reise" oder „Willst du eigentlich in dem Haus bleiben?" oder „Verändere dich". Mir war von Anfang an klar, dass ich das nicht mache, sondern dass ich da durchgehe. Hinunter, hinunter, hinunter. Da ist mir auch eine Lebensparabel in den Sinn gekommen. Ich war als junges Mädchen mit Buben an der Donau bei Korneuburg schwimmen. Dort gab es Strudel. Die Buben sind durchgeschwommen und ich habe mich gefürchtet. Sie haben mir erklärt: „Da schwimmst du hin, dann siehst du den Strudel. Du hältst dir die Nase zu, dann zieht er dich hinunter. Dann ist aber wichtig, dass du nicht strampelst, sondern dass du wartest. Du spürst unten den Grund, die Steine, dann gibst du dir einen Schupf und kommst wieder nach oben." Ich habe das dann auch getan und so meine Angst bezwungen. Das habe ich mir sehr gut gemerkt, dass man den Grund berühren muss, wenn man wieder auftauchen will. Man merkt, dass man am Grund ist, wenn es nicht mehr tiefer geht.

Das ist dann auch verbunden mit einem Schmerz und einer Trauer und einer Lebensdunkelheit ohnegleichen. Aber man merkt wirklich, wenn man so tief ist, dass es nicht mehr tiefer geht. Wenn man diese Verfassung zulässt oder erträgt, dann kommt ein nächster Tag und es ist ein bisschen heller. Ich habe dann einfach gespürt, es geht wieder rauf. Ich konnte mich sogar wieder ein bisschen in jemand verknallen und wurde wieder mehr zur Frau. Ich war schon ein bisschen tot. Aber die kreative Kraft war nicht tot. Dann ist die kreative Kraft wieder erwacht, und auch die Kraft der menschlichen Sinnesfreude hat mich wieder belebt. Ich vertraue dem Leben. Wenn man mich fragt, woran ich glaube, sage ich: „Ich glaube an das Leben."

Narben bleiben

Seltsamerweise hat meine erste Schallplatte mit eigenen Texten „Narben" geheißen, und ich habe darauf geschrieben: „Der Verlust schmerzt, nicht das Verlorene, die Angst vor dem Sterben ist es, nicht vor dem Tod." Im Nachhinein staune ich, warum ich damals ganz stark schon zu diesem Thema gefunden hatte. Ich bin sicher voller Narben und die brechen auch immer wieder auf.

Ich kann den Gedanken oft nicht leiden, aber im Wort Verlust steckt ja auch die Lust. Das darf man nicht vergessen. Die Verluste bereichern auch. Aber das ist ein Gedanke, den denke ich nur ganz kurz, denn sofort denke ich dann, verdammt, ich könnte auf diese Form der Bereicherung aber verzichten.

Es heißt wirklich Schicksalsschlag. Ich erlebe immer Mütter, die sagen: „Wenn ich mir das jetzt vorstelle!" Und ich sage: „Stellt es euch bitte nicht vor!" Sonst kann man nicht leben.

Das Trotzdem ist ein eher kämpferischer Begriff. Die Gelassenheit braucht kein Trotzdem. Aber man braucht viel Trotzdem, um gelassen zu werden.

ELFRIEDE SCHMID

Dem Lebensatem einen neuen Rhythmus geben:
„Die Luft muss fließen."

Elfriede Schmid ist wegen einer Lungenfibrose auf künstlichen Sauerstoff angewiesen. Das Wort Nasenbrille wird bei ihr anschaulich. Denn durch die transparenten Plastikschläuche, die von der Nase zu einer Sauerstoffflasche führen, fließt ihr „Lebenssaft". Was mit einer Lungenentzündung begann, begleitet die pensionierte Lehrerin für Werkerziehung und Deutsch als Lungenfibrose nun ständig. Für kurze Zeitspannen geht Elfriede Schmid auch ohne Sauerstoffrucksack in den Garten. Im Wohnhaus gibt es zwei Sauerstoffdepots, von denen sie mindestens 16 Stunden pro Tag versorgt wird. Sie sind so unauffällig platziert, dass man sie suchen müsste. Unterwegs, auch auf Reisen, liefert eine kleinere Sauerstoffflasche in einem Rucksack die nötige Energie. Nach anfänglicher Verzweiflung überwiegt heute die Lebensfreude. Elfriede Schmid hat das Mögliche neu schätzen gelernt.

Wenn ich manchmal mit dem Sauerstoffrucksack unterwegs bin und jemand schaut mich so an, denke ich: „Habe ich irgendwo einen Knopf offen?" Erst hinterher komme ich drauf, dass es deswegen war. Es geht mir prinzipiell sehr gut. Nur an Tagen, wo man nicht so gut drauf ist, stört es mich, wenn die Leute so schauen.

Schlechte Prognosen

Es steht im Raum, dass ich eventuell einmal eine neue Lunge brauche. Transplantiert wird nur ein so genannter Gesunder, bei dem alle anderen Organe in Ordnung sind.

Ich habe mich noch nie so genau erkundigt, weil mich das irrsinnig belastet hat. Ich habe das sehr abgelehnt, zwei Jahre lang. Ich konnte das Wort Transplantation gar nicht hören oder aussprechen. Ein befreundeter Arzt hat mir sehr geholfen. Der hat gesagt: „Warum sperrst du dich dagegen? Das ist doch eine Chance und keine Bedrohung." Irgendwann habe ich mir gedacht, eigentlich hat er Recht. Die Krankenhaus-Ärzte waren schon recht zornig, weil ich gar nicht mit mir habe reden lassen. Einer hat einmal gesagt: „Sie werden schon sehen, in ein paar Jahren ist das Herz auch kaputt, und dann kann man gar nichts mehr machen." Aber ich konnte nicht. Irgendwann habe ich gedacht, eigentlich hat der Arzt Recht, der gemeint hat, es sei eine Chance. Dann gab es Situationen wie jene in Krems. Ich war auf einem Antiquitäten-Flohmarkt unterwegs, da sah mich eine Frau mit meinem Sauerstoffrucksackerl gehen. Sie hat mich angeredet, sie habe mich lange beobachtet und überlegt, ob sie mich anreden soll. „Wissen Sie, ich bin lungentransplantiert. Ich hatte solche Angst davor und ich kann mir vorstellen, dass Sie das auch haben. Aber schauen Sie mich an, wie gut es mir jetzt geht!" Dann haben mir andere Leute auch erzählt von Menschen, denen es nach der Transplantation sehr gut geht. So habe ich es langsam akzeptiert. Es kann irgendwann einmal anstehen.

Das verflixte erste Jahr

Am Anfang war ich verzweifelt. Das hat lange gedauert, ein Jahr ungefähr. Oder vielleicht sogar noch länger? Da ist es mir psychisch sehr, sehr schlecht gegangen. Das war mir fremd, weil ich grundsätzlich sehr positiv bin. Ich habe da so ein Positiv-Gen von meiner Mutter, die sieht auch überall das Positive. Mein Mann hat mich wahnsinnig unterstützt, meine Kinder, die ganze Familie, die Freundinnen.

Dieses erste Jahr war ganz schlimm. Ein Bekannter hat Depressionen, der hat zu mir gesagt: „Du weißt ja nicht, wie das ist." Ich habe zu ihm gesagt: „Kannst du dich nicht zumindest so weit über Wasser halten, dass Mund und Nase heraußen sind, damit du nicht untergehst?" Ich dachte immer, das gibt es doch nicht, man muss doch etwas finden, das einen freut. Als ich selbst in der Situation war, habe ich gewusst, man redet oft blöd daher. Ich habe mir gedacht, wenn ich ihm geraten habe, er soll sich am eigenen Schopf herausziehen, dann muss mir das auch gelingen. Und es ist mir, Gott sei Dank, wirklich gelungen. Aber nur mit der Hilfe meines Mannes, der Familie und meiner Freundinnen. Denen bin ich so dankbar, das kann ich gar nicht sagen. Die haben immer wieder angerufen, haben mich besucht. Zu dem Zeitpunkt habe ich mich meist verleugnen lassen. Da musste mein Mann immer sagen: „Die ist nicht daheim" oder „Die liegt im Bett" und er könne mich nicht wecken und alles Mögliche. Ich konnte mit niemandem reden. Ich habe sofort geweint. Aber eines Tages sind meine Freundinnen unangemeldet gekommen, ein ganzer Tisch voll ist da gesessen, und sie haben gesagt: „So kann es nicht sein. Wir haben gewusst, du bist daheim, und jetzt sind wir da, wir wollen nur mit dir reden." Ich bin ihnen so dankbar, denn das hat mich herausgeholt.

Ein Netz fängt auf

Ich glaube, es war mehr das Kontinuierliche, dass sie nicht nachgelassen haben. Ich habe früher gegolft, nicht gut, aber gern. Sie haben gesagt, ich solle mit ihnen mitgehen. Ich bin aber nicht gern hinausgegangen, eben wegen des Sauerstoffs. Ich wollte mich damit nicht sehen lassen. Sie haben gesagt: „Jetzt gehst du mit. Die Leute werden dich beim ersten Mal intensiv anschauen, beim zweiten Mal nur mehr ein bisschen und das dritte Mal überhaupt nicht mehr." Genauso war es auch.

Mein Schwiegersohn hat einmal zu mir gesagt: „Wie hältst du denn das alles aus?" Und ich habe ihm gesagt: „Weißt du, es ist gar nicht so schlimm, denn ich bin in einem Netz, das ganz enge Maschen hat." Ich hatte das Gefühl, ich kann überhaupt nicht durchfallen. Es war immer wer da zur rechten Zeit, auch wenn es mir schlecht gegangen ist, und hat mir zugeredet. Oder wenn ich einkaufen gegangen bin im Dorf, sind Leute auf mich zugekommen und haben gesagt: „Mein Gott, wir haben gehört, du hast das und das. Aber weißt du, ich habe eine Krankheit auch schon so lange, mach dir keine Sorgen, es geht alles weiter." Da habe ich mir gedacht, alle Leute sind krank, auch solche, von denen ich das nie gedacht hätte. Das hat mir Mut gemacht. Dass ich nicht alleine bin. Es hat jeder irgendetwas, und ich habe halt das.

Was die Krankheit lehrt

Ich bin sehr viel toleranter geworden, viel gelassener. Wenn ich früher etwas machen wollte, dachte ich, das müsse unbedingt sein. Mit der Erkrankung habe ich gemerkt, was nicht sein will, ist einfach nicht. Oder wenn wir jetzt fortfahren, besichtigen wir, was möglich ist. Früher habe ich mich immer geärgert, wenn wir nicht alles gesehen haben, weil es sich nicht mehr ausgegangen ist. Jetzt denke ich mir, es ist halt so. Früher war ich immer einen Schritt voraus und habe geplant. Wirklich im Augenblick war ich selten, weil ich den Kopf immer schon wieder woanders hatte, oft bei fünf Sachen gleichzeitig. Als ich noch jung war, hat mir das richtig Spaß gemacht, wenn ich drei, vier Sachen vor mir hatte. Ich habe gedacht, jetzt bin ich neugierig, wie ich das wieder schaffen werde. Das war eine Herausforderung. In den letzten Jahren in der Schule war es schon manchmal umgekehrt. Da habe ich gedacht, wie werde ich das denn schaffen?

Ich habe lernen müssen Hilfe anzunehmen. Das war ein Umstieg. Ich muss auch sagen, es kommt einem alles zurück, sowohl das Positive wie das Negative. Viele haben mich angerufen, als ich krank geworden bin, und haben gesagt: „Du hast mir auch einmal etwas Gutes getan." Oft konnte ich mich an die Person gar nicht mehr erinnern. Ich glaube, ich habe manchen einfach zugehört. Jetzt kann ich Hilfe sehr gut annehmen.

Seit dem einen Jahr, wo ich gesehen habe, ich lebe noch, empfinde ich jeden Tag als Zugabe. Zu einem sehr reichen Leben. Es wäre ungerecht, wenn ich mit meinem Schicksal hadern würde.

HELENE JARMER

Schicksal in Kraft verwandeln:
„Ich bin gehörlos, na und?"

Helene Jarmer vertritt seit 2009 als Abgeordnete der Grünen im österreichischen Parlament die Anliegen behinderter Menschen. Sie lebt seit ihrem zweiten Lebensjahr ohne Gehör. Helene Jarmer besticht durch ihre Körpergröße, die gegen ein Meter neunzig geht, und sie nimmt ihr Gegenüber durch einen offenen Blick und ein freundliches Lächeln recht unmittelbar für sich ein. Wenn sie spricht, formen die Finger in schneller Folge Worte und berühren Gesicht, Oberkörper, Arme. Mit dem Mund formt sie das Gesagte, einzelne Laute meint man zu verstehen. Gebärdendolmetsche unterstützten die Kommunikation. Helene Jarmer ist der lebende Beweis, dass Vorurteile der sogenannten Gesunden ein Hauptproblem der Menschen mit Beeinträchtigung sind. Aber auch, dass man mit Hartnäckigkeit und einer Prise Humor selbst im Gegenwind viel erreichen kann.

Ich bin Eisbrecher. Es ist nicht immer einfach, die Eisberge zu zerbrechen. Ich kann nicht sagen, es gefällt mir. Mein Leben ist halt so, ich habe das akzeptiert.
Weil man als gehörlose Person immer wieder etwas erkämpfen muss. Zum Beispiel war es für mich schwer eine Schule zu finden, an der ich Matura machen konnte. Ich hatte eine Schule gefunden, die integrativ war, aber die Schulärztin hat

gemeint, dass Matura und Gehörlosigkeit nicht zusammenpassen. Schwerhörige könnten maturieren, aber gehörlose Personen nicht. Die Schule hat mich dann genommen, aber ich musste ein Jahr lang beweisen, dass ich das schaffe. Schließlich habe ich maturiert. Danach wollte ich Lehrerin werden, aber in Österreich konnte damals ein Gehörloser nicht Lehrer werden. Mit einer Kollegin habe ich es schließlich als Erste geschafft, an einer Pädagogischen Akademie zu studieren. Als ich danach angefangen habe an der Gehörlosenschule zu arbeiten, waren alle LehrerInnen aufgeregt. Sie konnten nicht verstehen, dass eine Gehörlose alleine unterrichten kann, sie dachten immer, da müsste jemand helfen. Und dann lief das. Nach einer gewissen Zeit war es selbstverständlich, dass ich da bin. Als ich an der Universität studiert habe, habe ich nicht groß Informationsarbeit gemacht. Ich war einfach da. Jetzt gibt es immer mehr gehörlose Menschen, die ein Studium schaffen.

Die Kraft des Zutrauens

Meine Eltern haben mich unterstützt. Sie sind meine Vorbilder. Mein Vater hat bei Fritz Wotruba studiert, er ist Bildhauer. Meine Mutter ist Modedesignerin. Beide sind selbstständig, beide sind gehörlos. Sie haben es beide geschafft. Ich habe immer gedacht, warum sollte ich es nicht schaffen? Mein Vater hat mir immer wieder gesagt: „Komm, du schaffst das! Du musst dein Ziel im Auge behalten und ignorieren, was die Leute sagen."

Meine Umgebung hat mich eher eingeschüchtert, hat es mir nicht zugetraut. Es gibt zu wenig Information über positive Rollenmodelle. In Amerika ist das schon selbstverständlich.

Jeder weiß, was die gehörlosen Menschen schaffen können und dass es da keinen Unterschied gibt. Edison, der Erfinder der Glühbirne, war gehörlos. Marlee Matlin hat 1986 den Oscar bekommen als gehörlose Schauspielerin. Das ist doch super! Hier in Österreich ist das noch immer etwas versteckt. Man meint, gehörlose Menschen könnten nur einfache Arbeiten machen wie putzen, aber mehr gehe nicht.

Den Kontakt suchen

Ich war als Kind schon sehr, sehr mutig. Ich bin einfach dem Nachbarskind nachgelaufen und habe mit ihm gespielt. Als ich älter wurde, habe ich aufgeschrieben: „Ich möchte mit dir spielen." Das war dann kein Problem.

In der Pubertät war es schwierig. Da habe ich mich sehr zurückgezogen. Aber mit den Wohnungsnachbarn war es kein Problem, die kannte ich von Kindheit an. Mit 16, 17 ging es wieder besser.

Plötzlich taub

Ich bin gehörlos seit einem Unfall. Da war ich zwei Jahre alt. Meine Mutter stand mit mir im Kinderwagen an einer Kreuzung, die Ampel stand auf Rot. Ein Lastwagen ist über diese Kreuzung gefahren. Der Lastwagenfahrer hat eine Seitenstraße übersehen, an der die Ampel auf Grün war. Von dort kam ein Auto und die beiden sind aufeinandergeprallt. Meine Mutter ist auf dieser Kreuzung mit mir auf dem Gehsteig mit dem Kinderwagen gegangen. Ich war im Kinderwagen angeschnallt. Die Mama hat diesen Unfall gesehen. Sie wollte schnell zurückweichen, aber es ist sich nicht mehr ausgegangen. Das Auto hat den Kinderwagen erwischt und ich habe mich mitsamt dem Kinderwagen mehrmals überschlagen. Die Stangen an der Seite des Kinderwagens haben auf das Gehör gedrückt. Es hat wahnsinnig geblutet und dann war die Diagnose ganz klar: Es hat meine Trommelfelle zerdrückt. Ich war gehörlos.

Ich fand das früher toll, in der Kirche die Orgel zu hören, ich war sehr gerne in der Kirche. Nach dem Unfall hatte ich in der Kirche das Gefühl, das ist kalt und grau, ich höre nichts. Ich bin dann sogar zum Organisten gelaufen und habe nachgeschaut, ob der überhaupt spielt. Ich habe gesehen, dass er spielt, aber ich habe nichts gehört. Ich hatte das bis dahin gar nicht ganz begriffen, dass ich nichts höre.

Kämpfen für Veränderungen

Ich hatte bis jetzt noch nicht das Gefühl, dass ich als Frau behindert wurde, als gehörlose Person aber schon. Ich möchte als Politikerin die Gesellschaft verändern.

Schritt für Schritt schafft man das durchaus. Wenn die Gesellschaft uns akzeptiert, kann man etwas machen. Es geht darum, einfach den Menschen anzunehmen, gut zuzuhören und auf seine Wünsche und Bedürfnisse einzugehen. Es ist wichtig, dass Menschen lernen, Interesse für den anderen zu haben. Das ist einer der wichtigsten Punkte, dann läuft es fast von selbst.

Gehörlose werden oft behindert, ohne dass Hörende das wissen. Man macht sich keine Gedanken. Was ist, wenn der Aufzug stecken bleibt? Wie können wir Hilfe rufen? Dann gibt es oft Lautsprecherdurchsagen. Davon haben gehörlose Menschen gar nichts. Es gibt viele Barrieren. Zum Beispiel im Hotel: Wie komme ich zu einem Frühstück im Bett?

Soll ich eine E-Mail schicken an die Vermittlungszentrale, dass ich das möchte? Das sind einfache Sachen. Ich möchte auch als Gehörlose das Leben genießen.

Ich möchte nicht immer überlegen müssen, ob ich das kann, ob etwas auch für mich zugänglich ist. Zum Beispiel sind in Thailand die Menschen gut aufgeklärt über den Umgang mit Gehörlosen. Der Kellner im Hotel kommt automatisch mit dem Block und schreibt auf Englisch: „What do you want for breakfast? Tea or coffee?" Ohne dass er gefragt hat, ob ich gehörlos bin. Das geht ganz automatisch. So kann man den Urlaub genießen.

Alles ist möglich

Teetrinken, das ist für mich sehr wichtig. Tee ist für mich Entspannung. Und natürlich ist auch Ruhe für mich wichtig. Täglich reden und kommunizieren ist anstrengend, da muss ich abschalten können. Ich reise gerne, ich lese gerne und Tanzen tut mir gut, aber nicht Gesellschaftstanz, sondern Hiphop und so.

Den Takt spürt man, das ist im Kopf drinnen.

Wir als gehörlose Menschen sagen nicht „trotzdem", sondern „na, und?" Für mich ist das ein klarer Ausdruck, denn das heißt: „Wir schaffen es schon."

Gehörlose können alles – außer Hören.

ELISABETH MARX

Durchgeschüttelt von Krankheit und Leben:

„Ich fühle mich trotzdem wohl in meiner Haut."

Elisabeth Marx lebt seit fast 20 Jahren mit Parkinson und ist nach einem Brustkrebs wieder gesundet.
In ihrem Haus in Götzis, Vorarlberg, hat Elisabeth Marx den Wintergarten ganz für sich. Hier schreibt und malt sie, hier bewirtet sie Besucher und genießt den Blick in den Garten. In regelmäßigen Abständen wird sie vom „Schüttler", wie sie ihre Krankheit fast ironisch nennt, geplagt. Sobald sie sich setzt, schlagen ihre Füße unwillkürlich in einem ganz eigenen Takt auf den Boden. Für die Mittsechzigerin hat Parkinson gravierende Auswirkungen auf ihr persönliches Leben, aber auch auf den Kontakt zu anderen. Dazu kommt für die religiös geprägte Autorin die Frage nach dem Warum.

Wenn ich sitze, dann ist die Überbewegung in den Beinen. Wenn ich die festzuhalten versuche, was reflexartig geschieht, erfasst sie den ganzen Körper. Oft geht sie mit innerer Unruhe einher. Mein Arzt hat mir schon einmal geraten, mich operieren zu lassen. Dagegen wehre ich mich noch. Es ist doch eine Hirnoperation. Ich sage mir, lieber keine Füße, als den Geist oder die Sprache verlieren.
Ich kann in der Früh nicht gehen, weil die Füße krampfen. Aber damit komme ich gut zurecht.
Früher habe ich gleich nach dem Aufstehen Yoga gemacht,

jetzt bin ich zu steif am Morgen, Ich übe aber einmal wöchentlich eineinhalb Stunden mit einer Yogagruppe.
Durch Medikamente wird das fehlende Dopamin zugeführt. Ich bewege mich viel und gerne. Schon in der Schule hatte ich kein Sitzleder.

Zeichnen, schreiben, warten

Wenn die innere Unruhe anfängt, habe ich das Bedürfnis zu reden, es reduziert die Spannung, wird aber häufig missverstanden. Ich sehe noch ganz gesund aus, die Symptome sind dennoch zeitweise extrem. Der ständige Wechsel von beinahe gesund zu zermürbendem Schütteln und Schweißausbrüchen lässt sich nicht vermitteln.
Manche Leute sind gekränkt, wenn man ihrem Rat nicht Folge leistet. Das ist dann allerdings ihr Problem.
In Schüttelzeiten fühle ich mich nicht mit dem Boden verbunden. Es gibt auch Zeiten, die zum Nichtstun zwingen, das sind die schwersten. Schreiben ist beinahe unmöglich geworden, aber zeichnen tu ich trotzdem. Das werden dann die Zitterzeichnungen. Da kann ich alles vergessen, Gott und die Welt. Dann vergesse ich sogar aufs Kochen, und manchmal auch auf die Tabletten. Erst wenn ich stark zittere, denke ich: „Was ist jetzt?" Dann merke ich, dass ich schon eine halbe Stunde oder länger über die Medikamentenzeit hinaus bin.

Krankheit als Begleiter

Als ich die Diagnose bekam, habe ich mir gedacht, es ist nicht tödlich, und wenn ich Glück habe, finden sie vielleicht noch etwas. Jetzt muss ich mein Fahrwerk in Ordnung halten, meine Muskeln stärken. Ein Dauerschütteln kann ich mir nicht vorstellen, dann müsste ich mich operieren lassen.

Ich sehe Parkinson wie einen Begleiter. Er kann neben mir gehen und hinter mir, aber ich halte die Zügel noch in der Hand. Noch. Aber es wird weniger, ich spüre es. Das Schwierige ist, dass man aus dem normalen Rahmen fällt. Wenn ich irgendwo bin und anfange zu schütteln, weiß ich, jeder schaut. Dann habe ich das Gefühl, erklären zu müssen, dass ich nicht betrunken bin oder Drogen nehme. Es ist unangenehm.

Nicht an Gott verzweifeln

Wir machen die Umwelt kaputt, Krankheit ist die Folge. Aber es ist keine mathematische Gleichung. Wer zerstört, wird nicht in demselben Ausmaß krank. Man kann sich das nicht aussuchen. So verhält es sich auch mit meinem Parkinson. Ich frage mich nicht, wo ist Gott, und warum hält er es nicht auf. Es liegt bei uns, die Zerstörung aufzuhalten.

Ich bemühe mich, meinen durch die Krankheit erlittenen, erfahrenen Glauben zu stärken, ihn auch weiterzugeben. Die Kraft, die Krankheit auszuhalten, ist mir von irgendwoher zugekommen. Nur aus mir selbst hätte ich es nicht geschafft. Aber wie Gott aussieht? Ich stelle mir Gott so vor, dass er zum Schluss in seiner Liebe und Güte alle auf einen Nenner bringt.

Die Kreuzigung ist für mich auch eine Weltumarmung. Christus ist nicht nur der Leidende, sondern er streckt sich aus, nach oben, nach unten und zur Seite. Für mich ist Kreuz nicht nur Leid, sondern Kraft. Wenn ich in das Kreuz hineingehe, wird es wieder hell.

Das heißt, wenn ich mich auf Angst einlasse, wenn ich der Angst entgegengehe. Wenn man ihr ausweicht, wird es erst böse. Für mich ist Kreuz auch Auferstehung. Es ist beides drinnen. Jedenfalls habe ich mich sehr gelöst vom drohenden Gott. Ich habe so viel Angst vor diesem strafenden Gott ausgestanden, dass ich ihn nicht mehr brauche.

Die Schwermut überwinden

Als ich die Krebsdiagnose bekam, habe ich überlegt, selber Schluss zu machen. Irgendwie war dann der Lebenswille stärker. Das bewusste Ja hat mir geholfen, selbst an meiner Gesundung mitzuwirken. Jetzt fühle ich mich seelisch gesünder als vor meiner Erkrankung. Vorher war mir oft eng, ich trug die depressiven Phasen meines Mannes und meiner Mutter mit. Ich litt mit, als mein zweitjüngster Bruder mit 29 Jahren an einem Hirntumor erkrankte und mit 36 starb. Richtig schwer wurde es aber, als sich die Bedrücktheit auch bei unseren Kindern breitmachte. Ihre Aussage: „Bei uns wird gar nicht mehr gelacht", war für mich ein Alarmsignal, mir helfen zu lassen. Heute kann ich mit Depressionen besser umgehen. Ich habe gelernt, fremde und persönliche Probleme abzugrenzen.

Schützen und abgrenzen

Ich kann nicht sagen, wie ich ohne Krankheit wäre. Aber ich spüre einfach, dass ich anders bin als andere. Das war ich schon vorher.
Ich weiß inzwischen, dass den Menschen, auch wenn sie sagen, dass es ihnen nichts macht, meine Krankheit Mühe bereitet. Man bekommt durch Parkinson eine dünne Haut.

Angst und Enge sind ein gewichtiges Symptom bei Parkinson, sie sind mit ein Grund, dass viele sich zurückziehen. Ich unternehme aber früh genug etwas, bevor ich in ein seelisches Loch falle.

Ich habe meine Parkinsonerkrankung „Hiob" getauft. Der Hiob der Bibel ist auch einer, der gute Ratschläge bekommt und darauf hingewiesen wird, dass er vielleicht selber an seinem Unglück schuld ist. Aussagen wie: „Jede Krankheit ist heilbar, wenn die seelische Ursache erkannt wird", oder: „Du musst positiv denken", zeigen mir, wie schwer es ist, die Tragweite der Krankheit zu vermitteln.

Erfahrungen machen reich

Mir kommt vor, ohne Leid hätte ich auch das Glück nicht erlebt. Ich kann Glück gut empfinden. Ich erfreue mich an etwas, was andere nicht sehen. Nach einem Schüttelanfall atme ich tief durch und fühle ganz deutlich: Jetzt lebe ich wieder.

Ich sehe mich nicht mehr in der Opferrolle. Lange genug erlebte ich die beengende religiöse Erziehung, und die schuldzuweisende Verkündigung der Kirche.

Heute bin ich froh, dass ich bin, wie ich bin. Ich fühle mich trotz Parkinson wohl in meiner Haut.

Ich kann mir ein Leben ohne Beschwerden nicht mehr vorstellen. Ich will nicht krank sein, aber auch die Erfahrungen nicht missen, die ich gemacht habe.

Nachtrag: Inzwischen wurde Elisabeth Marx operiert. Der lang gefürchtete und hinausgezögerte Eingriff in das Gehirn verlief gut. Ihre Lebensqualität ist seither merkbar gestiegen.

WILTRUT STEFANEK

Wenn positiv negativ heißt:

„Die Diagnose war ein Wendepunkt in meinem Leben."

Wiltrut Stefanek war 25 Jahre alt, verheiratet und Mutter eines kleinen Kindes, als sie die Diagnose HIV-positiv bekam. Durch Zufall. Ihr Mann hatte sie angesteckt, verweigerte aber die Realität, ließ sich weder selbst behandeln noch informierte er seine Frau. Die Beziehung hielt dieser Belastung nicht stand. Nach gewalttätigen Übergriffen floh Wiltrut mit ihrem Kind in das Frauenhaus. Sie stellte sich ihrer Situation und engagiert sich seither für andere HIV-positive Menschen. Ihr mittlerweile erwachsener Sohn ist, Gott sei Dank, nicht infiziert und ihr neuer Partner nimmt sie, wie sie ist. Was heute dank guter Therapie fast heil klingt, war zuvor lange eine Hochschaubahn der Gefühle und des Verstandes.

Ich war verheiratet, und wurde aufgrund einer Operation auf HIV getestet. Der Test war negativ. Im Sommer 1995 bin ich nach der Operation sehr krank geworden, mit Durchfall, Erbrechen, geschwollenen Lymphknoten, Leberwerten wie ein schwerer Alkoholiker. Ich war in vielen Spitälern in Wien, habe Ärzte konsultiert. Alle haben gemeint, ich sei schwanger, habe eine Darmgrippe oder Hepatitis, die anderen meinten, ich sei Alkoholikerin. Ein Arzt hat gemeint, ich sei hypochondrisch veranlagt und gehöre auf die Psychiatrie. Das habe ich dann nach fünf Wochen Dauerbeschwerden auch schon geglaubt. Ich bin im AKH auf die Übelkeit behandelt worden, weil ich nichts essen und trinken konnte. Langsam sind die Symptome aber wieder verschwunden. Damit war es für mich und die Ärzte wieder vergessen. Ein Jahr später wollte ich mich scheiden lassen. Das habe ich meinem Mann mitgeteilt, der sehr schlecht darauf reagiert hat, mit einer Selbstmorddrohung. Er wurde dann mit Polizei und Amtsarzt für ein paar Stunden in ein psychiatrisches Krankenhaus zwangsweise eingewiesen. Dort wurde er gefragt, ob er sich untersuchen lässt. Er hat eingewilligt, einen HIV-Test zu machen. Am nächsten Tag war er wieder zuhause und am Nachmittag hat schon das Telefon geläutet. Da war eine Ärztin dran, die gesagt hat, er solle noch einmal vorbeikommen für weitere Untersuchungen, denn ein Test habe etwas ergeben. Ich habe gefragt, was für einen Test sie gemacht haben, und sie sagt, das könne sie mir nicht sagen, aber wir sollten Kondome benutzen und Blutkontakt meiden. Daraufhin habe ich sie direkt gefragt, ob es etwas mit Hepatitis oder HIV zu tun hat. Sie hat gesagt, das könne sie mir nicht sagen. Das Problem war, dass mein Mann nicht ins Krankenhaus gefahren ist. Daraufhin habe ich jeden Tag im Spital angerufen, weil ich extreme Ängste hatte. Ich habe ein Kind von ihm. Mein Sohn war damals sechs. Ich dachte, wenn das HIV ist, muss ich wissen, was los ist. Was mich sehr nervös macht, ist, wenn ich etwas nicht greifen kann. Ich habe jeden Tag angerufen. Die waren schon ganz genervt. Eine Woche später hat eine Ärztin angerufen und hat mir am Telefon gesagt, dass er HIV-positiv ist und das seit mindestens zehn bis 15 Jahren. Ich sagte, dann habe ich das sicher auch, und sie meinte, lassen Sie sich testen. Damit war das Gespräch beendet. Als mein Mann nach Hause gekommen ist und ich es ihm gesagt habe, hat er nur erwidert, er könne nicht HIV-positiv sein, denn er sei nicht schwul. Für ihn war das wieder erledigt. Ich bin dann zum praktischen Arzt und wollte mit ihm reden, wollte eigentlich hören, dass ich es nicht bin. Er hat dann nur gemeint, ich sollte mich testen lassen. Er hat mich ins Labor geschickt. Dort wurde die Diagnose für mich und meinen Mann bestätigt. Mein Sohn Thorsten ist gesund. Aber ich habe zu der Dame gesagt, ich möchte ein schnelles Ergebnis und sie sagte: „In einer Stunde bekommen Sie den Befund." Das kann aber nur sein, wenn der Befund negativ ist. Wenn der Befund positiv ist, müssen noch weitere Tests gemacht werden, und das dauert eine Woche. Um das Ergebnis abzusichern. Nach eineinhalb Stunden habe ich dann keinen Befund bekommen. So war für mich klar, dass er positiv ist.

Ohne Perspektive

Für mich war es im ersten Moment ein Todesurteil. Das Gefühl hat mir schon vor der endgültigen Diagnose gesagt, dass ich HIV-positiv bin. Ich habe gedacht, ein paar Wochen, und dann ist es vorbei. Ich hatte nur die herkömmlichen Informationen, wie man sich ansteckt und so weiter.

Diese Diagnose selbst ist umwickelt mit Angst und Todesgefühl. Ich bin schon nach Wochen draufgekommen, dass ich mich äußerlich nicht verändert habe. Du hast dich als Person verändert, hast eine andere Lebenseinstellung, aber sterben wirst du jetzt nicht. Das muss man realisieren. Ich lebte damals nur für den Moment. Ich habe zu dem Zeitpunkt alles schnell erledigt, was ich lange auf die Bank geschoben habe. Ich habe Sachen ausgemistet, unangenehme Dinge erledigt und Vorkehrungen getroffen, was mit meinem Kind passieren wird. Mir war klar, dass ich mich von meinem Mann scheiden lassen werde. Er hat gewusst, dass er positiv ist, und hat es mir zehn Jahre lang verschwiegen. Wenn die Ärztin ihre Schweigepflicht nicht verletzt hätte, hätte ich es vermutlich erst viele Jahre später erfahren, durch Zufall oder wenn ich krank gewesen wäre.

Kämpfen ohne aufzugeben

Nach der Diagnose war mir klar, entweder ich kämpfe oder ich hänge mich auf. Ich habe damals schon eher daran gedacht, dass ich mich umbringe, weil mir alles zu viel war. Da war das Kind eigentlich Nebensache. Ich dachte, da geht es dem Kind bei meinen Eltern eigentlich besser als mit mir als depressiver Mutter, die nicht weiß, was sie will. Und dann habe ich erlebt, das Jugendamt macht Druck und stellt mich als schlechte Mutter hin, mein Mann terrorisiert mich, die Polizei hilft mir nicht, meine Eltern haben sehr geklammert, sie hatten Verlustängste. Dann habe ich für mich entschieden, aus, ich mache weiter.

Wende zum Besseren

Ich sehe nicht nur das Negative an der Infektion. Klar wäre ich lieber gesund und hätte ein anderes Leben, nicht diese Ängste, die man manchmal hat, wenn man spürt, man wird krank, oder wenn man jemanden verliert, der einem sehr nahe gestanden ist. Aber ich muss ehrlich sagen, für mich war die Diagnose die Wende in ein besseres und intensiveres Leben. Wenn ich dann mein Kind anschaue, hat sich dieser Kampf gelohnt. Mein Sohn sagt immer: „Wir haben keinen Grund, uns zu verstecken, Mama, du bist so, wie du bist, positiv."

Ich lebe irrsinnig gerne, ich genieße jeden Tag. Ich stehe auf, freue mich, wenn es mir gut geht, auch wenn ich Schmerzen habe. Man lebt nur einmal und das muss man intensiv tun. Es kann so schnell vorbei sein. Ich weiß, was ich will, und ich gehe meinen Weg. Mein Freund sagt, ich sei manchmal sehr hart. Ja, aber so hat mich das Leben gemacht.

Ich bin kompromisslos geworden, wenn mich jemand schneidet oder diskriminiert. Wenn man denkt, man hat sich angenähert und dann gibt es einen Seitenhieb, dann ist es aus.

Keine Prognosen zur Zukunft

Die Aidshilfe sagt, man kann mit HIV durch die medikamentöse Therapie 30 Jahre und mehr leben. Ich mag aber nicht, wenn jemand, der nicht damit lebt, sagt, wie lange man damit leben kann. Ich kenne Leute, die nach zehn Jahren gestorben sind. Das ist eine Durchschnittszahl. Für mich heißt Leben wirklich zu leben. Und das heißt nicht, einfach zu Hause zu sitzen und zu hoffen, dass es mir morgen besser geht. Das ist für mich kein Leben. Das Virus macht nicht halt. Man wird kränker. Viele von uns haben Probleme mit ihrer Leber, haben Krebs und leiden oft unter schweren Depressionen. Man wird generell nicht jünger. Ich mag das nicht, wenn Prognosen gestellt werden.

Zuerst habe ich gedacht, ich schaffe es ohne Medikamente.

Man geht zum Arzt, und der sagt, Ihre Blutwerte sind in Ordnung, Sie brauchen noch keine Medikamente. Als er begonnen hat, mir zu einer Therapie zu raten, habe ich diese immer wieder hinausgezögert. Dann war es schon sehr kritisch. Die Ärztin hat gemeint, wenn ich jetzt nichts mache, sterbe ich in einem Jahr. Das hat mich im ersten Moment sehr geschockt, dann habe ich gedacht, na, was soll es. Ich habe gemerkt, dass die Familie große Angst um mich hat. Meine Mutter hat gesagt, sie sage jetzt nichts mehr, aber sie schaue mir auch nicht zu beim Sterben. Mein Freund hat das auch gesagt. Mein Sohn hat mir die Tabletten hingeschmissen und hat gesagt, ich solle das schlucken, denn er wolle mich nicht verlieren. Ich solle mich außerdem nicht so anstellen, denn er schlucke auch seit seiner Kindheit Tabletten. Das hat dann bei mir Klick gemacht. Ich gebe eigentlich dem Virus die Macht, die früher mein Ex-Mann über mich gehabt hat. Dann habe ich mit einer Therapie begonnen. Diese Therapie mache ich seit fünfeinhalb Jahren regelmäßig. Meine Werte sind nicht berauschend, aber ganz okay. Es geht mir gut. Ich lebe.

Der Liebe eine Chance

Mein Freund hat mich schon drei Mal gefragt, ob ich ihn heirate. Meine Antwort ist: nein. Für mich persönlich würde sich durch eine Heirat so viel ändern. Ich würde mich eingesperrt fühlen. Ich bin gebrannt durch meine Ehe. Ich möchte nicht riskieren, dass durch die Beziehung kaputt geht, was zwischen uns da ist. Wir gehören zusammen, doch dafür brauche ich keinen Ring. Ich glaube, dass uns nur der Tod trennen wird. Das ist eine Beziehung, die Höhen und Tiefen aushält. Er will mir beweisen, dass er öffentlich zu mir steht. Ich habe ihm gesagt, ich heirate nur, wenn ich eine Hochzeit habe, wie ich sie mir vorstelle. Ein riesengroßes Fest, ein schönes Kleid, ein weißes, mit einer eingearbeiteten Red-Ribbon-Schleife. Ich möchte alle, die ich kenne, einladen. Beim Standesamt würde ich nur eine Würstelbude mieten, aber bei der Kirche sollte es dann groß hergehen.

Sich selbst akzeptieren

Ich finde es ganz wichtig, dass man sich damit auseinandersetzt, egal wann, je früher desto besser, dass man sich gut informiert über die eigene Krankheit. Und ganz wichtig ist, dass man lernt, sich selbst so zu akzeptieren, wie man ist. Dass man trotz allem ein liebenswerter Mensch ist. Dass man sich nicht selbst hasst bzw. verurteilt. Dass man einfach kapiert, es ändert sich vieles, aber man bleibt (nach außen) der Mensch, der man vor der Diagnose war. Das geht bei einem schnell, beim anderen langsam. Man muss sich mit der Infektion und mit der Krankheit zumindest mit Therapiebeginn auseinandersetzen. Je mehr man vorher gelöst hat, desto besser. Ich habe mich von Anfang an intensiv damit beschäftigt, und das hat mich stark gemacht. Ich habe gewusst, wenn ich das wegschiebe, gehe ich daran zugrunde.

Wer kämpft, kann verlieren. Wer nicht kämpft, hat bereits verloren.

ALOIS SAURUGG

Gesund werden ist möglich:
„Ich bin durch die Nacht gegangen."

Wer den Mittsiebziger Alois Saurugg heute sieht, glaubt nicht, dass er einmal an der unheilbaren Erbkrankheit Morbus Bechterew erkrankt war. Heute gilt der Priester und Psychotherapeut als geheilt. Dazu hat er selbst viel beigetragen.

Rund um sein 40. Lebensjahr war Alois Saurugg fast erblindet und stocksteif. „Morbus Bechterew" hatte ihn fest im Griff. Die Krankheit, die in Schüben kommt und in der Wirbelsäule entzündliche Prozesse auslöst, war bereits weit fortgeschritten. „Pater Kontakt", wie er von vielen damals genannt wurde, war als Priester und Betriebsseelsorger unglaublich aktiv. „In der Übernahme von Verantwortung für andere war ich ein Profi", sagt er heute. Er stellte aber keine Verbindung her zwischen seiner Krankheit und seiner Art zu leben. Bechterew galt in seiner Familie als Erbkrankheit und ein voller Terminkalender schützte ihn, einmal intensiver zu überlegen, wie es ihm selbst ging. Bis zu einer fast schicksalhaften Begegnung mit der amerikanischen Therapeutin und Mitbegründerin der Systemischen Familientherapie, Virginia Satir.

Dass ich zu Virginia gekommen bin, war sicher für mein ganzes Leben prägend. Sie hat mir diese Frage gestellt, die mein ganzes Leben verändert hat. Sie hat mir nämlich auf den Kopf zugesagt, nachdem sie die ersten Fragen beantwortet hatte: „Alois, du bist ja todkrank." Da war ich wirklich am Ende, habe nur schwarze Brillen getragen, habe nichts Helles mehr ausgehalten. Da sagt sie zu mir: „Du bist ja todkrank. Was hat das mit dir zu tun, mit deinem Leben und deiner Familiengeschichte?" Und ich habe spontan geantwortet: „Na ja, das hat nichts mit mir zu tun, das ist eine Erbkrankheit." Mein Bruder hatte ebenfalls Morbus Bechterew und ist an den Folgen der Krankheit gestorben. Sie ist darauf nicht eingegangen, hat nur diesen einen Satz wiederholt: „Was hat das mit dir zu tun, deinem Leben und deiner Familiengeschichte?" Dann bin ich auf die Suche gegangen. Das sind diese berühmten Fragen, um die man sich nicht drücken kann: Was ist die Botschaft meiner Krankheit?

Die Botschaft entschlüsseln

Mich hat das betroffen gemacht. Mir hatte diese Frage noch nie jemand gestellt. Dann ist mir immer klarer geworden, ich muss fragen, was mich die Krankheit lehren will. Ich habe begonnen, dem systematisch nachzugehen. In einer Therapie habe ich Schritt für Schritt gefragt, wann genau die Krankheit ausgebrochen ist, was mir die Krankheit gebracht hat. Heute kann ich sagen, was sie mir gebracht hat, um welche Botschaft es geht. Um dann wiederum zu wissen, dazu brauche ich keine Krankheit, dazu gibt es Alternativen. Bei ernsthaften Krankheiten geht es immer um Lebensentscheidungen. Ich habe durch die Therapie meine Lebensentscheidung getroffen, und ich wusste eindeutig, was für mich wichtig ist: Priester zu bleiben, mich nicht laisieren zu lassen. Ich bin in meiner tiefsten Identität

Priester. Priester ist für mich, wer selbst und mit anderen unterwegs ist auf der Suche nach seiner eigenen Identität und seinem Urgrund.

Das war ein Konfliktpunkt. Der nächste Konflikt war die Entscheidung Familie zu leben. Zu sagen: „Die Irmgard ist meine Lebenspartnerin und ich will diese Beziehung öffentlich leben." Ich bin aus der Betriebsseelsorge weggegangen und habe entschieden, für Österreich Familientherapeuten auszubilden. Der Wendepunkt war diese Lebensentscheidung.

Die Werte klären

Ich glaube, dass man sehr viel erfährt, wenn man fragt, was sich durch die Krankheit verändert hat. Im Nachhinein ist mir bewusst geworden, dass ich durch die Krankheit einen wesentlichen Grundwert meines Lebens entdeckt habe. Er heißt Freiheit. Aber trotzdem bin ich in einen Orden eingetreten, weil ein Priester, der mir ganz wichtig ist, mir überhaupt das Studium erst ermöglicht hat. Wir sind daheim arm gewesen. Ich hätte nie Theologie studieren können, wenn nicht der Priester gekommen wäre und gesagt hätte: „Ich übernehme die ganze Verantwortung für die finanziellen Fragen." Er hat mein Studium finanziert, aber er wollte eine Gegengabe: „Dafür trittst du in den Orden ein." Doch das war völlig gegen meine innere Einstellung. Ich bin ein äußerst freiheitsliebender Mensch, und ein Orden ist völlig konträr dazu. Zu dieser Zeit war ich noch streng religiös, wie ich es in meiner Familie erfahren habe.

Die Verstrickungen erkennen

Ich habe lange nicht gewusst, warum ich überhaupt in den

Orden eingetreten bin. Und ich war in meinem Jahrgang der Einzige, der schon ein halbes Jahr im Noviziat war und nicht wusste, ob er nicht wieder gehen soll. Die Tragik ist, dass in dem Monat, als ich mich entschieden habe zu bleiben, die Krankheit ausgebrochen ist. Inzwischen schaue ich immer, wenn jemand Bechterew hat, welche Entscheidung da gegen jemand gefallen ist.

Gegen sich selbst. Ich habe eine Entscheidung getroffen, die sich gegen mich gerichtet hat. In meiner Suche nach dem Grund der Krankheit haben mir Zufälle geholfen, die keine Zufälle sind. Ich habe an einer Therapie teilgenommen in dem Bildungshaus, wo dieser Priester gelebt hatte und beerdigt worden ist. Dort fiel mir plötzlich ein Brief dieses Priesters ein. Es war wie der letzte Stein eines Gewölbes, der alles zusammenhält. Er hat mir einen Brief geschrieben, und zuvor schon an meine Mutter, mit dem Auftrag, ich solle in den Orden eintreten. Und: „Wenn du nicht in den Orden eintrittst, sage ich dir voraus, wirst du auch nicht Priester werden." Was mich sehr betroffen gemacht hat. Dann hat er noch geschrieben: „Du wirst dein Seelenheil verwirken." Und das zu einem Zeitpunkt, wo ich streng religiös gedacht und gelebt habe! Da habe ich mich entschieden, ich trete ein.

Und genau in dem Moment bin ich krank geworden. Und durch die Krankheit habe ich meine Freiheit wieder gewonnen. Der Orden hat immer gesagt: „Der ist ja todkrank, lassen wir ihn machen, was er will." Als der Bischof die Anfrage an den Orden gestellt hat, ob man mich als Diözesanseelsorger für die Jugendarbeit in Oberösterreich freistellen würde, haben sie sofort Ja gesagt. Viele Freiheiten habe ich nur durch die Krankheit bekommen. Der Bischof hat immer gesagt: „Der Saurugg geht mich nichts an, das ist ein Ordensmann", der Orden hat gesagt: „Nein, nein, der ist beim Bischof angestellt, der geht uns nichts an." Ich hatte buchstäblich Narrenfreiheit.

Die Familie analysieren

Wir hatten in unserer Familie viel Nähe und Körperkontakt. Dann komme ich in ein Internat, wo das alles strengstens verpönt war. Wenn man jemand nur im Vorbeigehen zufällig berührt hat, musste man sagen, „noli me tangere", bitte rühr mich nicht an. Was war passiert? Aufgrund der Krankheit bekam ich im Internat Ganzkörpermassagen, noch dazu von einer Frau. Über die Krankheit habe ich Körperkontakt bekommen, einen meiner wichtigsten Werte. Das sind Dinge, die mir erst bewusst geworden sind, aufgrund der Frage: „Was ist die Botschaft der Krankheit, um welche Werte geht es da in meinem Leben?" Inzwischen weiß ich, welche große Wichtigkeit meine Familienkonstellation hatte. Mein Bruder war muttergebunden, meine Schwester eher vatergebunden, und ich habe als jüngster die Narrenfreiheit gehabt. Ich war ein Wunschkind. Ich konnte mir immer einteilen, mit wem ich näher zu tun haben wollte. Sich einzulassen und Beziehung zu leben, musste ich erst mühselig lernen.

Mit Unverständnis rechnen

Das Wichtigste ist die Grundentscheidung: Ich übernehme die Verantwortung für meine Krankheit. Das Zweite ist: Ich will wissen, was ist die Botschaft meiner Krankheit. Der dritte Schritt ist, wenn ich die Botschaft erkenne, zu fragen, welche Alternative es dazu gibt. Der vierte Schritt ist für mich die Irritation des Systems. Davor haben viele Angst. Das Alte ist so vertraut, das kennen sie. Wenn ich wirklich eine wichtige Entscheidung treffe, dann weiß ich nicht, wie es mir dann geht. Und ich habe es real erlebt. Einer meiner besten Freunde, der ein führender Mann in der Diözese war, hat gesagt: „Alois, ich werde dich, wenn ich dich auf der Straße treffe, nicht mehr grüßen und auch mit dir nicht mehr reden, es könnte uns ja jemand sehen, der annimmt, ich bin einverstanden, dass du mit der Irmgard lebst."

Ich habe viele Menschen verloren, weil ich entschieden habe, Priester zu bleiben und Familie zu leben.

Die Frage nach dem Ganzen stellen
Die Wende setzte ein, als die Krise schon ziemlich auf dem Höhepunkt war. Die Mitte der Nacht. Dahinter steckt eine tiefe Weisheit. Die Mitte der Nacht ist der Anfang eines neuen Tages. Ich erlebe sehr oft, die eigentliche Wende ist, wo jemand erkennt, jetzt stehe ich vor der letzten Entscheidung, entweder, oder.

Es geht immer um eine Lebensentscheidung. Es geht immer darum, wofür ich leben möchte. Wofür? Im Grunde ist der tiefe Sinn des Lebens, einfach glücklich zu sein. Zu meinem Leben gehören auch leidvolle Geschichten. Aber der Sinn meines Lebens ist nicht, das Kreuz zu tragen. Damals haben Leute zu mir gesagt: „Wie sehr muss Gott Sie lieben, dass er Sie so leiden lässt." Ich habe gesagt: „Dann ist er ein Sadist." So ein Unsinn. Der Sinn kann nur sein, im Tiefsten zufrieden und glücklich zu sein. Heilung setzt Versöhnung voraus. Jemand, der unversöhnt ist, kann nicht heil sein.

Mit den Schatten versöhnen

Glück hat etwas zu tun mit einer tiefen inneren Zufriedenheit. Zufriedensein heißt, dass ich mit den ganz unterschiedlichen Anteilen meiner Persönlichkeit, mit meinen Licht- und Schattenseiten, in Frieden bin. Wenn ich die guten Seiten kenne, kann ich die anderen auch in Kauf nehmen, weil ich weiß, sie gehören dazu. Wenn ich mich mit den Schattenanteilen auseinandersetze, entsteht Friede. Wenn ich mich über jemanden sehr ärgere, weiß ich immer, es ist mein eigener Schatten, es sind meine eigenen Fehler und Grenzen, und es ist nicht die andere Person. Sie macht mich nur aufmerksam, dass etwas in mir nicht heil ist. Indem ich mich dem stelle, merke ich, dass diese Menschen plötzlich liebenswert werden.

Alois heißt der „ganz Weise". Eines meiner Lebensziele ist, weise zu werden, wie einer, der das Leben kennt und gelebt hat mit Verstand und Herz.

Mit dem Göttlichen in Kontakt kommen

Alle Inhalte meiner Seminare kann ich mit einem Satz ausdrücken: Wie kann ich Menschen begleiten, damit sie mit der Wahrheit ihres Herzens in Kontakt kommen? Ich glaube, dass jeder Mensch ein Geführter ist. Und dass es wichtig ist, mit dem inneren Geführtsein – für mich als Theologe ist es das Göttliche – in Kontakt zu kommen. Alle Ratschläge, die von außen kommen, sind oft gut gemeint, aber sie sind meistens die Wahrheiten der anderen. Ich möchte

Menschen begleiten, die auf der Suche sind, die Wahrheit ihres Herzens zu entdecken. Das hat viel mit Glücklichsein zu tun. Je mehr jemand in Kontakt kommt mit seiner inneren Wahrheit, desto tiefer sind die Veränderungen.

Lieben und geliebt werden

Ich glaube, dass es um die Zusage geht: „Was immer du bist, im Tiefsten bist du ein Mensch, der wert ist, geliebt zu werden." Dafür bin ich auch aus tiefster Überzeugung Christ. Mein Gottesbild hat sich völlig verändert. Wie dankbar bin ich heute für jeden Tag und alle Begegnungen! Ich empfinde eine tiefe Dankbarkeit dem Leben gegenüber. Auch die Erfahrung der Begegnung des Göttlichen im anderen empfinde ich als unendlichen Wert. Das macht mich innerlich glücklich.

Christine Haiden ist seit 1993 Chefredakteurin der „Welt der Frau", seit 2007 Präsidentin des oberösterreichischen Presseclubs.

Petra Rainer hat ihre fotografische Ausbildung in Wien erhalten. Sie fotografiert besonders gerne Menschen in ihrem Umfeld.

Die vorliegenden Geschichten sind eine gekürzte und überarbeitete Version des Buches „Trotzdem. Menschen mit besonderem Lebensmut", 2009 im Residenz Verlag erschienen.

Christine Haiden
Petra Rainer

TROTZDEM

Menschen mit
besonderem Lebensmut

ISBN 978 3 7017 3149 7

Es ist ein Buch, das man jedem in die Hand drücken will, der
gerade etwas mutlos ist – mit den Worten: Nimm dir ein Beispiel
an diesen Menschen!
Die Presse

Lebensmut in Buchform.
Kronen Zeitung

Einfühlsam, berührend und Mut machend.
NEWS Leben

Christine Haiden
Petra Rainer

SONDERPAARE

*Gespräche über
das Leben zu zweit*

ISBN 978 3 7017 3236 4

Ein prächtiges Buch, das ein sprachliches wie optisches Vergnügen ist.
DIE FURCHE, Doris Helmberger

*Behutsam im Ton, mutig in der Sache ... Stimmungsvolle Bilder von Petra
Rainer runden die Geschichten ab.*
OÖ NACHRICHTEN, Barbara Rohrhofer

... interessanter Einblick in die Vielfalt von Paarkonstellationen.
TIROLERIN, Katharina Eigentler

Christine Haiden
Petra Rainer

WUNDERBAR WEISE
*Lebenserfahrungen
100-Jähriger*

ISBN 978 3 7017 1579 4

Manchmal gibt es Bücher, die einfach das Herz erfreuen.
sandammeer, Jürgen Heimlich

Humorvoll, wehmütig, lebensklug.
Freizeitwoche